D0873398

LA CENTENA
ENSAYO

Elevación y caída del estridentismo

Evodio Escalante

Ediciones Sin Nombre
Conaculta

Primera edición, 2002

Coordinación editorial: Víctor Manuel Mendiola
Fotografía de portada: Juan Ramón García

D.R.© Conaculta
    © Ediciones Sin Nombre

ISBN 970-18-8138-9

Impreso y hecho en México

ELEVACIÓN Y CAÍDA DEL ESTRIDENTISMO

I. EL ESTRIDENTISMO ANTE LOS ESPEJISMOS DE LA CRÍTICA

Acaso el mayor espejismo de la crítica sea el de convertir a su objeto en un espejismo. Transformado en fantasma risible, en un espantajo que purga la pena de su expulsión sin resignarse del todo al castigo, antes bien, regresando al umbral cada vez que puede y tratando de entrar a la mansión de la que fue expulsado así sea por los resquicios, aprovechando que alguna ventana ha quedado entreabierta, el objeto excluido regresará en una suerte de eterno retorno que permite entrever mutilaciones y tristes enmascaramientos. La crítica, que en otros casos congrega, colecciona, reúne, antologa, exalta, prolonga, integra a la tradición, y salva, en fin, para la posteridad, una serie de textos, en el caso de la vanguardia estridentista ha trabajado casi siempre con base en negaciones. La unanimidad de la crítica mexicana para denostar al objeto estridentista, esto es, para excluirlo de la escena literaria y para negarle incluso su pertenencia al movimiento de vanguardia, es sin duda el resultado discursivo, todavía perdurable, de una tradición filológica conservadora y hasta reaccionaria, y por lo mismo alérgica a la noción de cambio, y de un añejo conflicto que enfrentó a los miembros de una misma generación y que los enfrascó en una lucha por la hegemonía cultural desde los tempranos años veinte. Nacidos todos alrededor del año axial de mil novecientos, y ubicables por lo tanto en la misma "camada" generacional, el encono entre estridentistas y Contemporáneos data de la época en que ambos grupos luchan por imponerse, cada cual a su modo, en el escenario artístico (y no sólo literario) del país. Se trata, me parece, del conflicto de dos movimientos de vanguardia, más o menos coetáneos en su surgimiento, pero que esgrimen distintas concepciones estéticas.

Uno de ellos, estentóreo y ruidoso, como su nombre lo indica, y de cierto modo afiliado a la retórica socializante de la época, el estridentismo, irrumpe con manifiestos y declaraciones altisonantes en diciembre de 1921, cuando amanece tapizado el centro de la ciudad de México con el primer manifiesto ("Comprimido estridentista") de Manuel Maples Arce. Aunque la publicación de este manifiesto es el gesto solitario de un escritor, que aporta así su grito de rebeldía contra la retórica entonces dominante del modernismo, se convierte en el detonante en torno al cual muy pronto habrían de agruparse escritores como Arqueles Vela, Germán List Arzubide y Salvador Gallardo, así como músicos y artistas plásticos entre los que habría que mencionar al compositor Silvestre Revueltas y a personalidades como las de Jean Charlot, Ramón Alva de la Canal, Germán Cueto, Leopoldo Méndez y Fermín Revueltas. El otro grupo, el de Contemporáneos, todavía sin ese nombre pero encabezado ya, puede presumirse, por Jaime Torres Bodet, aunque en esos momentos se encuentra bajo la influencia de las ideas de Vasconcelos y Henríquez Ureña, así como del magisterio estilístico del "poeta del búho", Enrique González Martínez, se convertirá un poco después en otro decisivo motor de la renovación estética en el país. Muy ajenos a la inspiración izquierdista de los estridentistas, y de cierto modo menos "politizados" que ellos, si se lo puede decir así, los Contemporáneos no redactaron una serie de manifiestos pero en cambio emprendieron la elaboración de diversas revistas (*La Falange, Ulises, Contemporáneos, Examen*) en las que fueron articulando sus posiciones literarias, y todavía más, concibieron el proyecto colectivo de una *Antología de la poesía mexicana moderna* (1928) que habría de convertirse en la piedra de toque que permitirá distinguir entre lo viejo y lo nuevo, entre las figuras representativas de la tradición y los emisarios de la emergente renovación estética. Esta antología, como sugiere Sheridan, hizo las veces de manifiesto "de un grupo que nunca quiso serlo".[1]

De estos años tormentosos y decisivos proviene el encono inconciliable que divide a estridentistas y Contemporáneos. La existencia de este conflicto histórico,

---

[1] Véase Guillermo Sheridan, "Presentación", en Jorge Cuesta, *Antología de la poesía mexicana moderna*, México, FCE-SEP, 1985 (Lecturas Mexicanas, 99), p. 10.

me parece, no tiene nada de peculiar. Podría sugerirse que enfrentamientos de este tipo son hasta cierto punto algo inevitable en la vida de las generaciones, como acaso podría mostrarlo la célebre oposición en Argentina entre el grupo Boedo y el de la calle Florida, o sea, entre el grupo de Roberto Arlt y el de Borges y Victoria Ocampo. Lo asombroso es que la polémica de esos años, enrarecida, deformada, e incluso magnificada, persista hasta nuestros días, no como un recuerdo o una reliquia del pasado, sino como algo actual y actuante, dando la impresión que el combate dirimido por ambos grupos no sólo no ha concluido en absoluto, sino que se prolonga en los discursos de los críticos a la manera de una guerra continuada, como si se tratara de una insidiosa *revolución permanente* en contra del estridentismo que nunca acaba de librar su última batalla. En esta extraña guerra del tiempo, los Contemporáneos, o sus presuntos continuadores, parecen haberse convertido en la fuerza hegemónica. La única, de hecho, que libra los combates, y que impone su dominio prácticamente en todos los campos de batalla.[2]

Una rápida revisión de los discursos de cuatro eminentes representantes de la crítica mexicana contempo-

---

[2] Las excepciones, de manera notable, provienen de críticos que por su nacionalidad u otra circunstancia, permanecen de algún modo "exteriores" al conflicto originario entre estridentistas y Contemporáneos. Hay que destacar, entre ellos, a Luis Mario Schneider, Noé Jitrik, Jorge Ruffinelli y Klaus Meyer-Minnemann. Debo agregar a esta lista un breve pero significativo comentario de Octavio Paz.

ránea, permitirá documentar, no sólo la actualidad de esta guerra, sino hasta qué punto estos discursos de la crítica no hacen sino reciclar, esto es reiterar y amplificar, a veces de manera desmesurada, líneas argumentales que ya fueron establecidas por los protagonistas del debate en los tempranos años veinte. Revisaré, pues, algunos discursos más o menos recientes en torno al estridentismo, y luego me remontaré a los textos originarios de los años veinte, con el fin interrogar la probable razón de esta inusitada continuidad discursiva, que tiene que ver, por cierto, esto no podría soslayarse, con la capacidad de los Contemporáneos para generar una tradición, y para imponer su dominio, si se lo puede decir así, sobre sucesivas generaciones de literatos, que se reconocen en su legado y que lo prolongan hasta nuestros días. Estamos delante de una victoria histórica impresionante, pues los estridentistas, autolimitados por la *actualidad* de su estallamiento, y por lo tanto incapaces de fundar una tradición, se quedaron flotando en un enrarecido limbo de la cultura, perdiéndose en una nada virtual sobre la que flotan como una reliquia, un fantasma o una simple curiosidad cuya existencia "pretérita" (pero también, como si se dijera, y con mayor énfasis, "preterida") no tiene repercusiones en la escena contemporánea.

El primero en aparecer en esta junta de notables es Antonio Alatorre. Aunque él mismo se declara especialista en la poesía española del Renacimiento y de los Siglos de Oro, y aunque es cierto que se ha dedicado en los años recientes a estudiar la obra y la figura de sor Juana Inés de la Cruz, Antonio Alatorre incursiona con alguna frecuencia en asuntos de teoría y de crítica literaria. Citar sus palabras es invocar una de las voces más reconocidas de la academia. Alatorre ha dicho que una rebelión en el terreno de las letras, para que de verdad lo sea, debe ser fruto de una *necesidad íntima* de expresión personal. Lo cito: "Esta necesidad profunda es lo que suele faltar en los llamados 'estridentistas'. El movimiento estridentista hacía profesión de antitradicionalismo a toda costa, antitradicionalismo por encima de todo. Era, pues, una actitud exclusivamente destructora, negativa, sin nada que tuviera que ver con la creación auténtica. Con llamar 'ombligo de la noche' a la luna y 'orquesta de *jazz*' a las estrellas, los estridentistas se sentían ya muy orondos. Daban una sonora bofetada a la tradición, y no iban más allá; no ponían nada sobre los pedestales vacíos".[3]

El estridentismo es pues, si le hacemos caso a Alatorre, una rebelión aparente, que no surge de una *necesidad íntima de expresión personal*, y que por lo tanto nada tiene qué hacer en los terrenos de la cultura. Por eso está perdido. En su lucha contra la tradición, puesto que su actitud es *exclusivamente destructora, negativa*, erizada de caos y de puro negativismo, los estridentistas se condenan al inframundo, sin poder salir de

---

[3] Antonio Alatorre, *Ensayos sobre crítica literaria*, México, Conaculta, 1993 (Lecturas Mexicanas. Tercera serie, 80), p. 35.

ahí. Se sienten muy orondos con sus metaforitas, y le dan una *sonora bofetada* (por eso son estridentistas, *i. e.:* hacedores de ruido) a la tradición, pero no ponen nada sobre los *pedestales vacíos*. Esto significa, bien visto, que han dejado intocada a la tradición, cuya función consiste justamente en la tarea de levantar pedestales y mantenerlos de pie, para mayor enjundia de la tierra. Que no cunda el pánico: los pedestales permanecen. Rozagante y confiada de sí, la tradición colocará sin mucho trabajo en las columnas vacías a escritores que sí tengan qué ver con la *creación auténtica*, y no como los estridentistas que han caído en la manía del negativismo en estado puro.

Los comentarios de Carlos Monsiváis radicalizan esta crítica. Si alguien ha "sepultado" —quiero decir: en el terreno de la crítica— al estridentismo durante el último medio siglo, sin duda los dardos de Monsiváis no han sido los menos efectivos. "El estridentismo era la parodia a pesar suyo de la vanguardia... Discípulos incoherentes de Marinetti y Tzara, sus poemas, ruidosos, disparatados, cursis, libraron sus combates en los terrenos del simple arreglo tipográfico y nunca superaron el nivel de entretenimiento infantil". Continúa la descalificación: "Cumplían una misión heroica: representar la sedicente *avant-garde* en una sociedad que advertía con desconfianza aun a la academia; renovar un lenguaje que les era ajeno y destruir una forma que todavía no era suya". Hay más: "...la 'opinión pública' no se dejó conmover. Una burguesía aún no consolidada, no tenía el menor interés en dejarse epatar". En resumen, les quedaba muy grande el traje de la vanguardia porque éste a su vez le venía demasiado chico a la sociedad. Además, prodigios de la propiedad, no pueden renovar un lenguaje que pertenece a los *otros* ni destruir una forma artística que nunca ha sido suya. Según Monsiváis, continúo citándolo: "Manuel Maples Arce, el único poeta rescatable de estas 'barricadas líricas'> padeció la incongruencia de todo espíritu romántico que adopta esquemas y estructuras supuestamente modernas y que en verdad no hace sino acatar la tradición que pretende destruir".

La única efectividad que les concede Monsiváis es la de la oratoria, la capacidad para proferir frases altisonantes y anatemas crípticos ("Su culto por las frases en nada difiere de la idolatría verbal que caracterizó a Jesús Urueta"). Fuera de esto, el asunto de los estridentistas no es otra cosa que "una alharaca infantil por los obreros, las máquinas, las fábricas, los telégrafos. En el fondo, Edison y no Marx y Marinetti, presidía este entusiasmo adolescente por los beneficios de la civilización".[4]

---

[4] Carlos Monsiváis, "Los estridentistas y los agoristas", en Oscar Collazos (comp.), *Los vanguardismos en América Latina,* La Habana, Casa de las Américas, 1970, pp. 169-173. Estos juicios ya los había articulado Monsiváis en su "Prólogo" a *La poesía mexicana del siglo XX,* México, Empresas Editoriales, 1966, pp. 48-53. "Entusiasmo adolescente", digno de unos menores de edad, de unos niños berrinchudos que no saben todavía lo que realmente quieren. Por eso Edison y no Marx, explica Monsiváis. Aunque esta infantilización de los estridentistas denota un paternalismo muy discutible, su antecedente lo encontramos en un ensayo de José Gorostiza. En él

En resumen, los estridentistas, según Monsiváis: 1) Eran la apariencia, o todavía mejor, la *parodia* de una vanguardia; 2) Sus combates se dieron en el nivel del simple arreglo tipográfico, por tanto, no fueron trascendentes; 3) Aunque fieles a Edison, resultaron discípulos incongruentes de quienes supuestamente eran sus maestros, es decir, de Marinetti, Tristán Tzara y Carlos Marx; 4) No lograron conmocionar a una burguesía que apenas si empezaba a consolidarse, y tampoco a la "opinión pública"; y 5) Debido a una incongruencia de origen que lo identifica como un espíritu romántico, Maples Arce no hizo sino acatar (o continuar) la tradición que pretendía subvertir.

En sus "Notas sobre la cultura mexicana en el siglo XX", Monsiváis agrega un par de pinceladas sarcásticas: "El movimiento cobra la importancia que le otorga la premura provinciana de incorporarse a la moda estética y política de los veintes"; "Las actitudes públicas de los estridentistas poseen un interés que su obra suele negar".[5]

leemos: "Aun para equivocarse es necesario un poco de genio. Ya sin él, y partiendo de Ramón [López Velarde], el estridentismo se erigió en escuela del desacierto, a semejanza de un niño malcriado que, no distinguiendo la rebanada más pequeña de un pastel, se la toma por grande". Véase "Ramón López Velarde y su obra", en José Gorostiza, *Prosa,* Recopilación y notas de Miguel Capistrán, México, Conaculta, 1995 (Lecturas Mexicanas. Tercera Serie, 97), p. 109.

[5] Carlos Monsiváis, "Notas sobre la cultura mexicana en el siglo XX", en VV. AA., Historia general de México, t. II. México, El Colegio de México, 1994, pp. 1443-1444. El supuesto carácter provinciano del estridentismo había sido señalado por Novo en un viejo artículo de 1929. Ahí anotaba: "Disco de segunda mano que las orquestas de provincia suelen seguir to-

José Joaquín Blanco, discípulo de Monsiváis —al menos en el texto que cito a continuación—, recorre un sendero análogo. No contento con reproducir los juicios de su maestro, los magnifica al grado de no concederles a los estridentistas ni el beneficio de hacer honor a su nombre. No sólo no son la apariencia de una vanguardia, lo que ya sería mucho decir, sino que ni siquiera ruido hicieron, los pobrecitos. Sostiene José Joaquín Blanco: "Estridentismo quería decir ruido, lo único que no hicieron porque, explica Monsiváis 'una burguesía aún no consolidada no tenía el menor interés en dejarse epatar' " Después de apoyarse con abundancia en el texto de Monsiváis, Blanco retoma la voz para

---

cando y consideran muy nuevo". Véase Miguel Capistrán (comp.), *Los Contemporáneos por sí mismos,* México, Conaculta, 1994 (Lecturas Mexicanas. Tercera Serie, 93), p. 66. En un libro reciente, *Las tradiciones de la imagen: notas sobre poesía mexicana,* Monsiváis sepulta de nuevo al estridentismo: "al no conseguirse interlocutores genuinos, el estridentismo resulta, en lo básico, materia prima de los historiadores de la cultura." No deja sin embargo de reconocer, ahí mismo: "A la distancia, lo perdurable del movimiento, junto a un puñado de poemas de Maples Arce y Quintanilla, y la actitud que los lleva a exclamar '¡Muera el cura Hidalgo! ¡Viva el mole de guajolote!', es la obra magnífica de sus pintores, grabadores y escultores: Ramón Alva de la Canal, Leopoldo Méndez, Jean Charlot, Rafael Sala, Emilio Amero, Fermín Revueltas, Máximo Pacheco, Germán Cueto". Véase Carlos Monsiváis, *Las tradiciones de la imagen: notas sobre poesía mexicana,* México, Ariel-Tec de Monterrey, 2001, p. 55. Llama la atención en este mismo lugar la manera en que Monsiváis aderzea un párrafo de la reseña que escribiera el joven ultraísta Jorge Luis Borges de *Andamios interiores,* el primer libro de poemas de Maples Arce. Su eficacia cocinera es tal, que lo que es un saludo y un elogio de vanguardista a vanguardista, termina pareciendo más bien una burla.

concluir: "La importancia de Maples Arce consiste, ahora, en que sus textos a veces se dejan leer —cosa imposible en sus 'compoetas'— y de esta manera nos dejan una impresión de esa poesía vigorosa y algo 'futurista' en elogio del 'obrerismo' y el 'agrarismo' que, como la oratoria, pretendía hablar por los trabajadores y más bien cantaba a sus líderes".[6]

El enunciado denostatorio continúa funcionando, aunque ahora con un sesgo político. Lo único que nos dejan los poemas de Maples Arce es la *impresión* de una poesía un tanto *futurista* que a la manera de la oratoria corrupta del país pretende hablar por los trabajadores y termina entonando loas a los antecesores de Fidel Velázquez. Con lo anterior, si no me equivoco, Blanco sugiere que los estridentistas fueron el equivalente mexicano del *proletkult* soviético, y que se movieron bastante dentro del esquema de la literatura del *realismo socialista* y su desafortunada relación con Stalin. En su izquierdismo estentóreo, como quien dice, llevan la penitencia. El estridentismo acaba, así, rebajado a la condición de ¡literatura cortesana (aunque inspirada en Marx)!

Tan no le parecen vanguardia los estridentistas, que Blanco, manipulando los tiempos de su *Crónica de la poesía mexicana*, los coloca *después* de los Contempo-

---

[6] José Joaquín Blanco, *Crónica de la poesía mexicana,* Guadalajara, Departamento de Bellas Artes, 1977, pp. 257-258 (hay una edición más reciente en Editorial Posada).

ráneos y bajo un rótulo que no deja dudas al respecto: "Los años treinta". De tal suerte, la irrupción estridentista en los tempranos años veinte, anterior por supuesto a la de los Contemporáneos, así sea por la minucia de unas semanas o unos meses, queda borrada de la historia, y se hace como si no hubiera existido.[7] Tal depuración de la información, empero, mal puede tender un velo sobre el asunto cuando el sólo repaso de la bibliografía de los estridentistas exhibe que sus principales libros se publicaron todos en la década de los veinte, y aquí habría que incluir los tres volúmenes de Maples Arce, *Andamios interiores* (1922), *Urbe* (1924) y *Poemas interdictos* (1927); así como *La señorita etcétera* (1922) y *El Café de Nadie* (1925) de Arqueles Vela, sin olvidar *Avión* (1923) ni *Radio* (1924) de Luis Quintanilla, ni algunos de los libros de Germán List Arzubide, como *Esquina* (1923) y *El viajero en el vértice* (1926), así como su deliciosa crónica fantástica titulada *El movimiento estridentista* (1926), libro imprescindible para captar la temperatura de nuestros vanguardistas. Pienso que habría que agregar a esta lista, como lo sugirió hace algunos años en un iluminador artículo el profesor estadunidense John S. Brushwood, el relato *Panchito Chapopote* (1928) de Xavier Icaza.

---

[7] Se aprecia mejor la ruptura estridentista si se piensa que en esos años la cepa fundante de lo que será conocido años más tarde como el grupo de los Contemporáneos se conformaba con reciclar las ideas de su patrón y maestro José Vasconcelos en *La Falange. Revista de cultura latina*. La revista se publica de diciembre de 1922 a octubre o noviembre de 1923.

No le va mejor al estridentismo en un libro de Vicente Quirarte. Aunque sin el encono descalificador de los textos antes citados, Vicente Quirarte parte de un supuesto que permea de cuerpo entero su visión del asunto: los *gestos* de los estridentistas son con mucho más recordables que sus *textos*. "Un estudio del estridentismo —sostiene Quirarte— debe partir de la idea de que en sus protagonistas la acción está por encima de la obra." Su "audacia y pretendida originalidad —continúa Quirarte— no bastaron para pasar la prueba de fuego de la página impresa". Reitera, en el mismo tono: "El estridentismo no pasó del periodo heroico, donde todo es aventura; más aún, sus mejores logros se manifestaron en una actitud neodadaísta de rechazo absoluto, de afirmación carnavalesca". No es el negativismo en estado puro, que maneja Alatorre, pero se le parece mucho. Enseguida, una crítica a la que creo no le falta cierta razón, acerca de la incongruencia política de los estridentistas: "En sus manifiestos iniciales rechazan la afiliación de los jóvenes a la tutela del Estado, pero aceptarán —en nombre de los ideales de la Revolución— el mecenazgo de uno de sus caudillos: Heriberto Jara". El balance literario, pues, y hasta el político, les es negativo. Incluso Maples Arce, cuya pieza maestra, a mí así me lo parece, es *Urbe*, insólito poema en el que el protagonista es la ciudad moderna, le parece a Quirarte un poema menor... ¡claro!, en comparación con otros textos que llegaron a escribir los Contemporáneos: "El espíritu de la ciudad moderna, como abstracción poética, a la larga se encontrará más en la prosa dinámica de la *Nueva grandeza mexicana* de Salvador Novo y en el espacio deshumanizador y expectante de los nocturnos de Villaurrutia que en el neowhitmanianismo de *Urbe*, aunque sea preciso admitir que Maples Arce logró en este poema un retrato muy fiel de las manifestaciones obreras estimuladas por el gobierno de Calles".[8]

En su impresionante *Elogio de la calle. Biografía literaria de la ciudad de México (1850-1992),* Vicente Quirarte rectifica el dato político y ratifica su juicio: "*Urbe* es la respuesta de la angustia del joven Maples Arce al ver la reacción de las marchas obreras surgidas tras la rebelión de Adolfo de la Huerta. Una tarde en que volvía a su casa desde Mixcoac, a pie porque se había interrumpido el servicio de tranvías, Maples Arce experimenta la revelación de una ciudad estremecida por la inminencia de una nueva guerra civil". La angustia del poeta, empero, exhibiría según Quirarte cierta afinidad con la ideología del fascismo: "Sí, como el Manifiesto Estridentista declaraba, 'sólo los eunucos no estarán con nosotros', su programa de acción se erigía como un programa próximo al fascismo: la ciudad es un escenario energético, ruidoso, con la fe puesta en

---

[8] Vicente Quirarte, *Peces del aire altísimo, Poesía y poetas en México.* México, El Equilibrista-Dirección de Literatura de la UNAM, 1993, pp. 120-131 Habría que corregir la cronología presidencial de Quirarte. Donde dice "el gobierno de Calles" tendría que decir "del Gral. Álvaro Obregón".

sus obreros y en sus artistas, siempre y cuando militaran o estuvieran de acuerdo con los mandamientos del movimiento donde Manuel Maples Arce era Dios y Germán List Arzubide su profeta. 'Sólo nosotros existimos. Los demás sólo son sombras pegajosas'. Semejante actitud iconoclasta los condujo necesariamente al aislamiento, y supieron aceptarlo".[9]

Me parece obvio que Quirarte ha escogido una tradición y que está hablando desde su intimidad con ella. La tradición de Contemporáneos, entendida no sólo como un conjunto de hábitos de lectura sino también de normas estéticas, que proporciona los patrones a partir de las cuales decidimos qué es y qué no es un buen poema, están pesando en su juicio de una manera decisiva. Se trata, sin lugar a dudas, de una suerte de círculo hermenéutico: se parte de lo que aporta una tradición, que ha sido asimilada por el crítico, cuyo juicio, a su vez, no hace sino reiterar con un gesto valora-

---

[9] Vicente Quirarte, *Elogio de la calle. Biografía literaria de la ciudad de México (1850-1992)*, México, Cal y Arena, 2001, pp. 485-487 La dedicatoria del poema de Maples, "A los obreros de México" indicaría que en lugar de solicitar pleitesía, los estridentistas estarían reconociendo la emergencia de un nuevo sujeto social que tendría que colocarse a la vanguardia de los cambios políticos. Véase, en el mismo sentido, la significativa arenga a los obreros con la que concluye *El movimiento estridentista* de Germán List Arzubide. Ahí puede leerse: "Abandonad las factorías de la sombra y sobre de sus puertas, plantad el gallardete rojo de vuestro odio. Apedread con vuestros puños, las arquitecturas librescas. Formad las manifestaciones del escándalo y atravesad orillados de canciones las avenidas de la burguesía. Construid la multitud". Germán List Arzubide, *El movimiento estridentista,* Jalapa, Ediciones de Horizonte, 1926, p. 105.

tivo lo que esa tradición enseñó a valorar.[10] Cae por su propio peso que al crítico educado en los Contemporáneos los textos de Maples Arce le parecerán de inferior calidad. El problema para un crítico que intente valorar el estridentismo es que éste se encontrará, de algún modo, en la intemperie, en una suerte de submundo discursivo, arrinconado en un solipsismo involuntario, ya que tendrá que arreglárselas por sí mismo sin contar con el respaldo de la fuerza autovalidatoria que genera una tradición. Maples Arce se había adelantado un poco a esta situación, cuando decía en un texto de *Poemas interdictos*: "Estoy a la intemperie / de todas las estéticas". Creo que el crítico que intente defender los logros del estridentismo se encontrará en una posición análoga a la que describe el poeta, de desarraigo y tanteo en la oscuridad producida por la ausencia (o por el encono) de los discursos.

Después de esta digresión, paso a cumplir con la segunda parte de la tarea propuesta. ¿De dónde proviene esta condena tan tajante contra el estridentismo? ¿Cuáles son los textos y las circunstancias de recepción que van marcar al discurso crítico dominante, de manera que su juicio, casi unánime, va a ser, como se ha visto, condenatorio de este movimiento de vanguardia, al que se "expulsa" de la tradición? Pero también, y buscando

[10] Lo anterior motiva el juicio de Vicente Quirarte: "A la larga, Novo será el más estridentista de los Contemporáneos y en su etapa final, Maples Arce será el más Contemporáneo de los estridentistas." Véase Vicente Quirarte, *Elogio de la calle*, p. 483.

las causas endógenas del fenómeno, ¿hasta qué punto los propios textos estridentistas propiciaron su exclusión de la misma?

Una conferencia de Xavier Villaurrutia y un par de textos de Jaime Torres Bodet, me parece, todos escritos durante la década de los veinte, son los que, prodigios de efectividad, sientan las bases sobre las que la crítica posterior ha juzgado al estridentismo. Comienzo con la conferencia de Xavier Villaurrutia titulada "La poesía de los jóvenes de México" (1924). Me parece que el texto de esta conferencia es de una enorme significación histórica y literaria. Salvo opinión en contrario, creo que se le puede considerar como *el lugar de la irrupción* de los Contemporáneos en la historia literaria del país. Aunque la actividad del grupo puede documentarse a partir de su anterior colaboración en diversas revistas, y en la tarea de fundar otras, como fue el caso malogrado de *La Falange* (1922-23), estos tanteos iniciales, todavía bajo el magisterio de la generación del Ateneo de la Juventud, quedan atrás a partir de las definiciones que aporta el precoz texto de Villaurrutia. Aquí aparece no sólo la primera lista de los integrantes de Contemporáneos, sino que se señala de manera clarividente la distancia, desde este momento irrecuperable, que separa a los poetas de esta generación con respecto de los llamados *dioses mayores* de la poesía mexicana (González Martínez, Alfonso Reyes, López Velarde, José Juan Tablada, etc.) Con impresionante aplomo, máxime si se consideran sus escasos veinte años, Villaurrutia disemina no los signos de la continuidad sino los de la ruptura que habrían aportado sus compañeros de generación, en cuyos textos encuentra "las primeras realizaciones de un tiempo nuevo."

Villaurrutia reconoce que la irrupción estridentista logró agitar las aguas dormidas de la literatura mexicana, aunque se las arregla para minimizar enseguida las virtudes de un movimiento que, le parece, fue transitorio y lo único que logró fue promover una suerte de inconsciencia poética colectiva, una suerte de hipnotismo multitudinario ajeno a esa lucidez que siempre exaltó Villaurrutia. La transitoriedad del fenómeno está dada por el encabezado que él mismo antepone: "Entremés: el estridentismo". Ni más ni menos: un intermedio breve y sin importancia, quizás en tono de farsa, que sirve para separar un acto de otro dentro de una representación teatral. La "transición" estridentista es el puente fugaz que mediaría entre el Adán y la Eva de la poesía mexicana (Tablada y López Velarde) y los poetas del "grupo sin grupo". ¿En qué términos aparece descrito el *entremés* estridentista? Reproduzco las palabras de Villaurrutia:

Sería falta de oído y de probidad no dedicar un pequeño juicio al estridentismo que, de cualquier modo, consiguió rizar la superficie adormecida de nuestros lentos procesos poéticos. Manuel Maples Arce supo inyectarse, no sin valor, el desequilibrado producto europeo de los *ismos*; y consiguió ser, a un mismo tiempo, el jefe y el ejército de su vanguardia. Muy poco más tarde mereció los honores del proselitismo —"un prosélito es todo lo contrario de un discípulo"—. Sus afines, usando los repetidos trajes que él, repitiendo sus mismas frases, acabaron por parecérsele al grado de hacer imposible cualquier distinción personal. Con esto, y sin proponérselo, Manuel Maples Arce ha logrado crear una inconsciencia poética colectiva, un verdadero *unanimismo* —muy semejante, si no fuera lo contrario, al que propuso en Francia Jules Romains—. Lástima que esta conclusión no haya sido previamente anunciada por los estridentistas en sus sonoros propósitos. Aunque, bien mirado, no es tarde para hacerlo.[11]

Resumo en tres puntos lo que creo que son las líneas argumentales de Villaurrutia: 1) La estética estridentista es de *importación*. Maples Arce se inyectó "el desequilibrado producto europeo de los *ismos*"; 2) reconoce que se trata de una vanguardia, aunque le parece que ésta es

[11] La idea de que el estridentismo "consiguió rizar la superficie adormecida" de los procesos poéticos mexicanos, la toma Villaurrutia de la reseña con la que saludó José D. Frías en *Revista de Revistas* (8 de enero de 1922) la aparición de *Actual 1,* el manifiesto de Maples Arce. Ahí Frías sostiene que no está mal que Maples "agite un poco las aguas, (con) ese proyectil que, aunque inocente, cuando menos rizará la superficie de las linfas aletargadas". Cf. Schneider, *El estridentismo o una literatura de la estrategia*, México, Instituto Nacional de Bellas Artes, 1970, p. 43. Es curioso, pero la misma expresión irrumpe en un comentario de Henríquez Ureña a la poesía vanguardista de José Juan Tablada. Se escuchan en Tablada, según el crítico, "ecos de las diversas revoluciones que de Apollinaire acá *rizan la superficie* (subrayado mío) del París literario". Véase Pedro Henríquez Ureña, *Estudios mexicanos,* México, FCE-SEP, 1984 (Lecturas Mexicanas, 65), p. 286.

unipersonal: Maples es el jefe y a la vez el ejército de su movimiento; y 3) los honores del proselitismo convirtieron muy pronto al estridentismo es una suerte de *inconsciencia poética colectiva*, en un acto de sonambulismo involuntario que nada tiene que ver con la lucidez.[12]

Los dos textos de Jaime Torres Bodet que me parecen decisivos para construir la posteridad de los estridentistas son ambos de 1928. Me referiré primero a la nota que antecede a los poemas de Maples Arce que seleccionó la *Antología de la poesía mexicana moderna*, de Jorge Cuesta. Aunque la nota aparece sin firma, se sabe que estas breves presentaciones fueron elaboradas por miembros del grupo de los Contemporáneos. En un artículo notable Guillermo Tovar de Teresa precisó que el autor del texto acerca de Maples fue el propio Torres Bodet.[13] Es difícil no estar de acuerdo con la observación de Tovar de Teresa, pues el otro texto de Torres Bodet, titulado "Perspectivas de la literatura mexicana actual" es muy semejante en varios aspectos al que ahora nos ocupa, como lo puede ver el lector. Reproduzco los dos párrafos esenciales del texto que aparece en la *Antología*:

---

[12] El joven Villaurrutia habría incurrido en semejante inconsciencia que a él le parece "punible" en uno de sus mejores poemas de juventud. Me refiero a "Poesía". Ahí un gesto prosopopéyico le permitía afirmar: "Te forman las palabras / que salen del silencio / y del tanque de sueño en que me ahogo / *ciego* hasta despertar." Cito por la versión de la antología de Cuesta. En posteriores ediciones, y ajustándose mejor a su poética de la lucidez, Villaurrutia habría sustituido "ciego" por "libre".

[13] Guillermo Tovar de Teresa, "Hallazgo en torno a los Contemporáneos", en *Vuelta, 206,* enero de 1994, p. 63.

Manuel Maples Arce ocupa, dentro del "grupo de soleda-des" que alguien ha creído advertir en la poesía nueva de México, un sitio aparte, más que solitario, aislado. Esta isla que habita y que bautizó —en un alarde de "acometi-vidad pretérita", romántica— con el nombre injustificado de *estridentismo*, le ha producido los beneficios de una popularidad inferior, pero intensa. Entre cierta porción de la actual literatura hispanoamericana, Maples Arce repre-senta una de las conquistas de vanguardia. El marco de socialismo político en que ha sabido situarse le ha sido, para estos fines, de la mayor utilidad.

La poesía de Maples Arce intenta una fuga de los mol-des formales del modernismo pero incurre, con frecuen-cia, en deplorables regresiones románticas. El tono mis-mo del alejandrino que prefiere —y que desarticula con escasa habilidad— lo ata a esa tradición que continúa precisamente cuando más la ataca.[14]

Torres Bodet, esto es obvio, radicaliza las asevera-ciones de Villaurrutia. Maples Arce está solo al frente de *su* vanguardia, pero tanto así, que se podría decir que habita en una isla a la que puso el nombre *injustifi-cado* de estridentismo. Aunque se le incorpora sin pro-blemas al "grupo de soledades" (en otros textos se acu-ña "archipiélago de soledades"), lema con el que los Contemporáneos se reconocen a sí mismos, aunque sin excluir del marbete al esforzado estridentista, la sole-

---

[14] Jorge Cuesta, *Antología de la poesía mexicana moderna,* p. 157.

dad de Maples es muy especial. Se diría que es la soledad redoblada del solipsista, la de aquel al que uno encuentra radicalmente aislado, en un lugar aparte, sin vínculos, como una "isla" más de la contemporaneidad, por más que goce de los beneficios de una vulgar popularidad, si se acepta la redundancia. Por lo demás, aunque es cierto que a Maples se le reconoce en una *cierta porción* de la literatura hispanoamericana como un escritor de vanguardia (Torres Bodet, en efecto, no podía ignorar que a Maples se le mencionaba en Hispanoamérica, y hasta en España, como uno de los vanguardistas más señalados del continente), esto se debe, insinúa la nota, a que *el marco de socialismo político* en que el autor se ha colocado le ha sido para estos fines de la mayor utilidad. Sin decirlo de manera expresa, Torres Bodet sugiere que el vanguardismo de Maples no está en sus textos, sino en el *marco* bolchevizante en que ha situado su producción. De tal suerte, desde el punto de vista formal la poesía de Maples no habría podido fugarse del modernismo, por lo que incurriría en *deplorables regresiones románticas*. En el momento en que fracasa tratando de desarticular el alejandrino, que es la forma del verso que él prefiere, lo vemos refrendar la tradición con la que de manera explícita intenta romper.

Todavía Villaurrutia reconocía en Maples al jefe y al ejército de una vanguardia; este texto sin firma de Torres Bodet está dirigido todo a desmentir tal hecho. Tras las apariencias de la vanguardia, lo que uno encuentra es *una acometividad pretérita, romántica*. Sólo un impulso tal pudo bautizar a esta isla de un solo habitante con el nombre *injustificado* de estridentismo. La fama internacional de Maples se debe a un malentendido, pues sus textos en sí mismos son regresivos, y a lo mejor hasta reaccionarios. Literatura y política no se pueden fundir. Si se ha pensado que Maples es de vanguardia esto se debe a que ha aprovechado muy bien el elemento *exterior*, la cáscara política del objeto literario; se debe a que le ha dado un malentendido, pues sus textos en sí mismos son regresivos, y a lo mejor hasta reaccionarios. Literatura y política no se pueden fundir. Si se ha pensado que Maples es de vanguardia esto se debe a que ha aprovechado muy bien el elemento *exterior*, la cáscara política del objeto literario; se debe a que le ha dado un *marco* socialista a su producción. Pero nada más.

En su "Perspectiva de la literatura mexicana actual", publicado en c.f. 36 la revista *Contemporáneos 4*, Torres Bodet es un tanto más cauto. Fiel a una cierta idea preconcebida del hombre de letras, elimina el argumento político y refina en cambio las observaciones que tienen que ver con el arte de bien escribir. Transcribo el párrafo en que se ocupa de Maples Arce:

> Con menos limpidez irónica que en la de Novo y un vigor menos significado que en la de Pellicer, se advierte ya, en la obra de Maples Arce, una generosa inquietud de renovación que, aunque no modifica sino la superficie de sus

poemas interdictos, acabará muy pronto por destruir los *andamios interiores*, románticos, sobre cuyo esqueleto sentimental el lector atento había visto esbozarse su demasiado rápida construcción. Todo cabe, todo —hasta la poesía— en la impaciencia laboriosa de este poeta. Pero la temperatura que circula en las arterias de sus alejandrinos lo salva en el preciso punto en que lo compromete, ligándolo —a él que hubiera querido aterrizar de un salto hermoso, brusco, sobre el litoral de un mundo nuevo— con la misma tradición de melancolías que el programa lírico de su escuela: el estridentismo, hace profesión de abominar.[15]

De entrada, una estrategia comparativa lo sitúa artísticamente por debajo de Novo y de Pellicer. Es cierto que Torres Bodet reconoce que existe en Maples una *generosa inquietud* renovadora, pero esta renovación no afectaría para nada la infraestructura sino sólo la superficie, las apariencias del poema. Maples Arce, si fuera consecuente, sugiere Torres Bodet, tendría que destruir el romanticismo de sus *andamios interiores*, ese esqueleto sentimental sobre el que ha edificado su poesía. ¿Edificado? Torres Bodet se apresura a decir que Maples es un apresurado. Construye demasiado rápido. Es laborioso pero también impaciente. El debido

---

[15] Jaime Torres Bodet, "Perspectiva de la literatura mexicana actual", en Manuel Durán (comp.), *Antología de la revista Contemporáneos*, México, FCE, 1973, pp. 239-240.

conocimiento del *métier* le aconsejaría trabajar con mayor lentitud, revisar sus escritos, demorarse en su corte y su confección. A Maples, como *aspirante* a vanguardista —que sólo esto se le concede—, le hubiera gustado aterrizar de un brinco en el litoral de un mundo nuevo, pero no lo consigue; en el momento en que quiere dar el salto y romper con la tradición de melancolías de que ha hecho un programa, es cuando más la reafirma.[16]

Ya se vio de qué manera este discurso crítico formulado en los años veinte continúa reproduciéndose en la actualidad, dominando, como si se transmitiera a distancia, como constituyendo, en efecto, una tradición discursiva, en los textos más o menos contemporáneos de cuatro señalados críticos literarios en ejercicio. Al considerar la eficacia de esta transmisión, sin embargo, no puede dejarse de lado algún aspecto circunstancial, que reforzaría el encono histórico en contra de los estridentistas, así como, me parece, lo que los propios textos del estridentismo podrían haber aportado para reforzar, o para facilitar, de algún modo, esta eficacia.

Durante la década de los treinta, Maples Arce, el mismo que había declarado en su manifiesto inaugural:

---

[16] No es desatinada la invocación de Novo y Pellicer como puntos de referencia para medir los logros de Maples Arce. Torres Bodet acierta con eficacia de estratega, pues *Colores en el mar y otros poemas* de Pellicer es de 1921, y Novo (el más radical de los poetas de Contemporáneos) se inicia fugazmente en el estridentismo al publicar un poema ("Aritmética") en la revista *Irradiador,* animada por Maples.

"Mi locura no está en los presupuestos", ostentando ya el papel de diputado federal, utilizó su posición para promover una campaña en contra de sus eternos rivales, los Contemporáneos, por la vía de demandar la expulsión de los escritores y artistas homosexuales que trabajaban en el gobierno. La campaña, que según afirmación de José Gorostiza, estaba inspirada únicamente en la decisión de obtener puestos públicos a cualquier precio, pero que tenía objetivos muy específicos, tuvo sus consecuencias y obligó a varios de los integrantes del grupo a dejar sus puestos en la burocracia del estado. En su libro de memorias, *Soberana juventud*, Maples Arce desestima estos efectos y relata: "En una ocasión nos reunimos en el Salón Verde de la Cámara de Diputados para tratar el problema de los homosexuales en el teatro, el arte y la literatura. Aunque hubo declaraciones reprobatorias, el diablo metió el dedo y ellos se quedaron más orondos que nunca".[17] El carácter público de estas acusaciones, como quiera que sea, le otorgó una ferocidad especial a la oposición entre estridentistas y Contemporáneos, que, puede pensarse, se trasmina hasta la actualidad.[18]

¿Pero no propiciaron los textos estridentistas, y casi a gritos, de algún modo, su propia marginación? A mí me parece que esta pregunta debe ser contestada de

[17] Manuel Maples Arce, *Soberana juventud,* Madrid, Editorial Plenitud, 1967, p. 277.
[18] Para mayor información, consúltese Guillermo Sheridan, *México en 1932: La polémica nacionalista*, México, FCE, 1999.

modo afirmativo. Hay en algunos textos estridentistas elementos que, se diría, "solicitan" su expulsión de la corriente dominante, y no hablo nada más de sus ataques a la *momiza* literaria, a los "totoles académicos". Para empezar, los manifiestos, insólitos dentro de la literatura mexicana, y que por lo mismo llaman poderosamente la atención, están redactados en una prosa petulante y apoteósica, que hace uso de una impostación oratoria que aglomera frases efectistas y sombrerazos, a veces sin ton ni son. Resultan no sólo un tanto confusos, sino insoportables. Cuesta trabajo leerlos, hay que armarse de una paciencia ciertamente arqueológica para asomarse a estos materiales que en cierto modo lo repelen a uno como lector. Lo que se queda en la cabeza son acaso los lemas, las incendiarias —y a veces— ocurrentes consignas: "¡Chopin a la silla eléctrica!", "¡Muera el cura Hidalgo!" (nada menos que el *Padre* de la Patria, según la historiografía oficial), "¡Viva el mole de guajolote!".[19]

Que los manifiestos no se han leído, o que se han leído muy por encima, lo prueba la insistencia de la crítica por considerar al estridentismo como una (mala) copia mexicana del futurismo, cuando lo primero que quiere dejar en claro Maples Arce es su distancia frente al Futurismo y todos los *ismos* de exportación, reivindicando para sí el nombre de *Vanguardia actualista*

---

[19] Luis Mario Schneider (comp.), *El estridentismo. México 1921-1927,* México, Instituto de Investigaciones Estéticas de la UNAM, 1985, pp. 41-50.

de México (este es el enunciado con el que se abre su manifiesto). En efecto, los estridentistas se conciben a sí mismos como *actualistas*, como *presentistas*, y este poner énfasis en la hora presente tendría que entenderse, de modo preciso, como una diferencia consciente ante el Futurismo. Ni la nostalgia reaccionaria por el ayer (que tendría que ser, en dado caso, *porfirista*) ni la utopía volcada hacia un futuro que se desconoce, y que podría ser fascista, sino el hoy trepidante de la Revolución, y en México, en ese momento, no se olvide, los rescoldos de la llamada Revolución mexicana todavía estaban encendidos. Lo dice el primer manifiesto de Maples al inicio del parágrafo XII: "Nada de retrospección. Nada de futurismo. Todo el mundo, allí, quieto, iluminado maravillosamente en el vértice estupendo del minuto presente... Hagamos actualismo".[20]

Aunque el manifiesto cita la famosa frase de Marinetti en la que éste sostiene que es más bello un automóvil de carreras que la Victoria de Samotracia, Maples de inmediato aplica el correctivo y delimita su posición: "A esta eclante afirmación del vanguardista italiano Marinetti (...), yuxtapongo mi apasionamiento decisivo por las máquinas de escribir, y mi

---

[20] *Ibid.*, p. 46. Creo que es de justicia reconocer que Luis Mario Schneider ha sido de los pocos críticos que han advertido la clara distancia que existe entre estridentismo y Futurismo. Sostiene: "En el punto doce de *Actual 1* se observa la primera gran distancia entre las ideas del italo-francés y las del mexicano. Manuel Maples Arce rechaza la idea del futuro como un concepto histórico en el arte, tanto como desdeña el pasado".

amor efusivísimo por la literatura de los avisos económicos".

La idea de la permanencia de la obra, esto es, de su posteridad, está recusada, primero en esta exaltación de los anuncios del periódico, y luego de modo más explícito con una referencia a un escritor (Walter Bonrad Arensberg) que habría asegurado "que sus poemas sólo vivirían seis horas".[21]

De cierto modo, podría conjeturarse, en el rabioso *presentismo* de los manifiestos está prevista su exclusión de la tradición. Fueron tan *actuales*, que no dejaron herederos. Estaban tan pero tan empeñados en insertarse en el presente, en el hoy de la acción inmediata y perturbadora, que no les quedó madera para echar raíces en la posteridad.[22]

De cierto: la *otra* exclusión es la que ellos mismos solicitan de cierto tipo de lectores. En el Manifiesto 2, emitido en Puebla el 1º de enero de 1923, puede leerse: "Defender el estridentismo es defender nuestra vergüenza intelectual. A los que no están con nosotros se los comerán los zopilotes. El estridentismo es el almacén de donde se surte todo el mundo. Ser estridentista es ser hombre. Sólo los eunucos no estarán con nosotros".

---

[21] Acaso estas frases anticipan los versos de Renato Leduc: "No haremos obra perdurable./ No tenemos de la mosca la voluntad tenaz".

[22] Debo esta observación a un libro inédito de Silvia Pappe, *El estridentismo: la posproducción de un movimiento de vanguardia* que probablemente publicará el FCE.

Esta gritona referencia a los *eunucos*, en la que no es descabellado encontrar una bravata precoz en contra de los escritores que después se conocerían como los Contemporáneos, funciona a la manera de una profecía negativa. Los estridentistas apelan aquí a un mecanismo de *autoexclusión* que está revertido en su contra desde el momento de formularse. No me detendría en este pasaje del segundo manifiesto estridentista, si uno de los poemas más importantes de Maples Arce, *Urbe. Super-poema bolchevique en cinco cantos* (1924), no contuviera un desafío muy semejante, y que está cortado con la misma tijera. En este poema, que me parece notable no nada más porque está dedicado a los obreros de México, sino porque es el primero (y hasta ahora el único, cuando menos dentro de nuestra tradición) en el que la ciudad moderna deja de ser un mero escenario para convertirse en el personaje principal del texto, Maples insiste en el desafío, y hasta podría decirse, que lo perfecciona, hasta convertirlo, como podría haber dicho Antonio Alatorre, en una sonora bofetada. Así, después de establecer: "Los pulmones de Rusia / soplan hacia nosotros / el viento de la revolución social", clara alusión a la tormenta revolucionaria que en el México de la época todavía no acababa de pasar, y elogio, a la vez, de esos pulmones soviéticos cuya influencia se haría sentir entre nosotros, con altanería y excesivo aplomo Maples Arce formula una profecía excluyente que continúa teniendo resultados:

> Los asalta-braguetas literarios
> nada comprenderán
> de esta nueva belleza
> sudorosa del siglo[23]

El texto citado contiene, me parece, una profecía hermenéutica de la exclusión. A la esperable colisión de las vanguardias, tanto más encarnizada en tanto que ambos grupos pertenecían de hecho a la misma hornada generacional, se agrega pues el toque homofóbico desafiante que apuesta en favor de una incomprensión, y que, por cierto, la consigue con creces. El texto de Maples formula una profecía autoexcluyente de la que todavía, por lo visto, no puede reponerse. Lo sorprendente, con todo, no es que la profecía se haya dado cumplimiento a sí misma, como podría postular el sociólogo Robert Merton, sino que las sucesivas generaciones de la crítica no hayan podido sobreponerse a ella, abriendo para el estridentismo un espacio de comprensión que permita valorar sus aportaciones a la cultura mexicana del siglo XX. Creo que ya es tiempo de que, con respecto al estridentismo, se levante el prolongado "castigo" que permita intentar una nueva valoración. Comentando el concepto de tiempo en Hegel, Heidegger afirmó alguna vez, mostrándose acaso más

---

[23] Manuel Maples Arce, *Las semillas del tiempo*, México, FCE, 1981, p. 49. Me imagino que Novo (como hizo alguna vez Pasolini) podría replicar con sarcasmo que él sí conocía la nueva belleza sudorosa del siglo: la de los choferes con los que se iba a la cama.

hegeliano de lo que él mismo estaría dispuesto a reconocer: "El 'progreso' del espíritu, que se realiza en la historia, lleva en sí 'un principio de exclusión'. Pero esta exclusión no equivale a una amputación de lo excluido, sino a su *superación*".[24]

---

[24] Martin Heidegger, *El ser y el tiempo,* Trad. de José Gaos, México, FCE, 1974, p. 467.

II. MODERNIDAD Y RESISTENCIA A LA MODERNIDAD EN LA POESÍA ESTRIDENTISTA

Contra las simplificaciones y los esquemas preconcebidos, creo que es necesario resaltar que la vanguardia es un fenómeno complejo que puede tirar en varias direcciones. El dadaísmo, que dio a Duchamp, ¿no es también una reivindicación de lo primitivo, de lo que alguien podría llamar los balbuceos del inconsciente? *Las señoritas de Avignón*, de Picasso, la pintura en la que aparecen los primeros senos cuadrados en la historia del arte, el inicio de la revolución cubista, ¿no es también un homenaje a las máscaras africanas? ¿No es igual un elogio de la etnografía? En un iluminador ensayo que puede ayudar como punto de partida, Saúl Yurkievich distingue dos tipos de vanguardia, la modernólatra y la pesimista, a la que también llega a llamar apocalíptica. Vicente Huidobro sería el representante perfecto del primer tipo de vanguardia, eufórica, idólatra de la modernidad y enteramente volcada hacia el futuro. De acuerdo con Yurkievich, la estrategia futurista sería aquella que "exalta los logros del siglo mecánico, los avances en la era de las comunicaciones, las

41

excitaciones de la urbe tecnificada, multitudinaria y babélica, el vértigo y la pujanza de lo moderno, de una actualidad mundialmente acompasada que ha roto los confinamientos regionales e idiomáticos para imponerse por doquier".[25] La otra estrategia, la de la vanguardia pesimista, que Yurkievich asocia lo mismo con *Trilce* de Vallejo que con la *Residencia en la tierra* de Neruda, es una vanguardia angustiada, negativa, en la que se perfilan ciertos rasgos agónicos. Cito de nuevo a Yurkievich: "Es la vanguardia de la asunción desgarradora de la crisis, la del absurdo como universal negativo, la de la imagen desmantelada, la de la visión desintegradora. Es la vanguardia de la antiforma y la cultura adversaria, aquella que desbarajusta la textualidad establecida para dar paso a la carga del fondo impaciente, para retrotraer el lenguaje al revoltijo preformal. Es la de la belleza convulsiva, la del discurso deshilachado (…), la inmersa hasta el tuétano en el informe universo de la contingencia".[26]

La vanguardia mexicana, si puede emplearse esta expresión acaso demasiado ambiciosa, pues no hay una sino varias vanguardias, y lo sensato sería analizar caso por caso, se me aparece en términos generales como una vanguardia *híbrida*, que se lanza hacia el futu-

---

[25] Saúl Yurkievich, "Los avatares de la vanguardia", *Revista Iberoamericana*, 118-119 (enero-junio), 1982, p. 360.

[26] *Ibid.*, p. 353. La exigencia de Rimbaud, "Hay que ser absolutamente moderno", me parece que queda neutralizada y desarticulada con el "Absurdo, sólo tú eres puro" de César Vallejo.

ro a la vez que se retrotrae, que exalta la modernidad a la vez que no deja de resistirla, como si al apostar por la transformación de todo lo existente la estremeciera la angustia secreta de lo desconocido, y algo de ella, en el fondo, quisiera asirse de alguna figura familiar con el fin de aquietar la zozobra. Con la probable excepción de Salvador Novo, acaso el poeta más radical, y el más experimental también, del llamado "archipiélago de soledades", podría decirse que el vanguardismo de los Contemporáneos es un vanguardismo autocontradictorio, que no esconde su reticencia ante la experimentación y que en cada uno de sus avances tiene puesta siempre la mirada en los modelos consagrados por la tradición. Válery los remite a Quevedo; Eliot, a Góngora; André Bretón a sor Juana Inés de la Cruz.[27]

Algo semejante sucede con el estridentismo. Se ha vuelto un lugar común de la crítica considerar a esta vanguardia mexicana como una aclimatación o una versión local del *futurismo* italiano, con el que, esto es, evidente, comparte algunos rasgos. Las diferencias, sin embargo, son tanto o más notables que las analogías, como se desprende de una lectura del primer *Comprimido estridentista*, que publicara Manuel Maples Arce hacia fines de 1921 y que, a la manera de una proclama, se fijara en las esquinas de algunas de las principales ca-

---

[27] Me ocupo de explorar este carácter híbrido del "grupo sin grupo" en mi artículo "La poética de los Contemporáneos", publicado en *Alforja. Revista de poesía, XV,* invierno de 2000-2001.

lles de la ciudad de México. Desde el párrafo inicial, Maples se deslinda de modo implícito del futurismo y ofrece una suerte de definición que le permite hablar: "En nombre de la vanguardia *actualista*". En lugar de futurismo, presentismo. Al lado de consignas inolvidables como aquella que dice "Chopin a la silla eléctrica", que puede entenderse como una profesión de fe en contra del romanticismo, o de tajantes declaraciones que recusan la idea oficial de la historia y ridiculizan a uno de los santos patronos de su panteón cívico, como la de "Muera el cura Hidalgo", este manifiesto contiene tomas de posición en asuntos artísticos que no podrían ser desestimadas. La cláusula XII, por ejemplo, comienza así: "Nada de retrospección, nada de futurismo. Todo mundo, allí, quieto, iluminado maravillosamente en el vértice estupendo del minuto presente". Un poco más adelante: "Hagamos actualismo. Ya Walter Bonrad Arensberg, lo exaltó en una estridencia afirmativa al asegurar que sus poemas sólo vivirían seis horas".

La distancia de la vanguardia mexicana frente al futurismo de Marinetti tiene su origen, hasta donde alcanzo a ver, en su vinculación con la realidad del país que entonces giraba toda ella en torno a la Revolución mexicana, un acontecimiento tan reciente que todavía olía a pólvora, y al que hay que entender como un proceso actual, que no acababa de definirse, un proceso triunfante pero a la vez amenazado, del que los estridentistas se sentían de algún modo partícipes. La revolución, así, no se vive como un acontecimiento futuro, que hay que preparar y planear, a través de un complicado proceso de acumulación de fuerzas, sino como una realidad presente, a cuya consolidación hay que contribuir si no se quiere retornar a los tiempos de la violencia y del caos que propiciara el régimen de Porfirio Díaz. Me parece que fue Arqueles Vela, el mejor prosista del estridentismo y teórico literario por méritos propios, quien vislumbró con mayor claridad la complejidad del movimiento en el que de algún modo estaban involucrados. La contradicción del estridentismo en tanto movimiento de vanguardia que responde lo mismo a un estallamiento (cosmopolita) del lenguaje que a una circunstancia histórica muy específica, que magnéticamente lo determina, no pasa inadvertida para Arqueles Vela, quien en un libro poco conocido, *Fundamentos de literatura mexicana*, asocia la lírica de su mejor poeta con el surgimiento y posterior fracaso de la Revolución mexicana.

Acerca de Maples Arce, en efecto, escribe Arqueles Vela: "Por primera vez en la poesía mexicana, la individualidad desmesurada encuentra una resonancia social. La angustia del poeta no canta su soledad sola, como la romántica o surrealista, sino la soledad acendrada en las multitudes. Su soledad proviene de no poder adentrarse en el fondo de la muchedumbre, como una realidad de los sucesos sociales. Es una soledad profunda que asciende de los estratos bajos hacia una esperanza multitudinaria; de lo más oscuro de la naturaleza individual hacia lo más oscuro de la naturaleza social".[28]

Me impresiona esta manera de ver la poesía de Maples Arce porque se nota lo irrefrenable de una contradicción. La textualidad estridentista, podría decirse, exhibe una oscilación que no se resuelve nunca. Va de un individualismo exacerbado ("individualidad desmesurada") a la exaltación de las multitudes como nuevo sujeto de la historia ("resonancia social"). Va de los acentos radicalmente optimistas ("una esperanza multitudinaria") a lo que podría ser una incertidumbre acaso asociada al pavor que provoca la irrupción de las masas sobre el tablado de la historia ("lo más *oscuro* de la naturaleza social"). La soledad del poeta es pues una soledad nueva, *acendrada en las multitudes*: porque va al encuentro de un nuevo sujeto revolucionario sabiendo al mismo tiempo que no puede identificarse con él. Ahí mismo observa Arqueles Vela: "Lo objetivo de su verso proviene de sentir tan subjetivamente el sujeto de la Revolución".

Me parece que este *sentir tan subjetivamente* el tema (objetivo) de la Revolución es lo que convierte a Maples Arce en un poeta complejo que no puede reducirse a una mera reproducción o aclimatación vernácula de la estética futurista. Mejor que futuristas, los estridentistas se pretenden actuales. Se abren al *presentis-*

---

[28] Arqueles Vela, *Fundamentos de la literatura mexicana,* México, Editorial Patria, 1966, p. 129.

mo de la nueva realidad que surge con los procesos re-
volucionarios que están transformando de manera
compleja al país, aunque por otro lado hay algo en este
ascenso oscuro (y acaso primitivo) de las masas que
los estremece y provoca en ellos un desasosiego estrictamente contemporáneo. No por nada, el logro estético
más alto de Maples Arce lo constituye su libro *Urbe.
Super-poema bolchevique en cinco cantos* (1924).[29] Se
trata de un poema revolucionario en varios sentidos: *a)*
es el primer texto que convierte a la ciudad (en este caso la ciudad de México, aunque luego veremos que esto tiene sus bemoles) en el verdadero escenario del poema; *b)* coloca en un primer plano la aparición de las
masas, y, en general, de los movimientos sociales; y *c)*
crea un lenguaje que exalta la nueva realidad revolucionaria, y que, sin embargo, también expresa angustia
e incertidumbre con respecto a lo que habrá de venir.
La Revolución bolchevique, evocada desde el título
del poema, es al mismo tiempo, en este movimiento

---

[29] Manuel Maples Arce, *Las semillas del tiempo*. Estudio preliminar de
Rubén Bonifaz Nuño, México, FCE, 1981, pp. 48-56. La investigadora alemana Katharina Niemeyer va un poco más allá cuando considera que *Urbe*
"no sólo significaba la definitiva consagración de Maples Arce como líder y
máximo representante del grupo estridentista. Frente a los que seguían consi-
derando al estridentismo una moda pasajera... también conllevaba un consi-
derable aumento de la aceptación del estridentismo como oposición 'seria'
cuya influencia en el campo literario ya no podía negarse". Véase Katharina
Niemeyer, "Arte-vida: ¿Ida y vuelta? El caso del estridentismo", en Harald
Wentzlaff-Eggebert (comp.), *Naciendo el hombre nuevo... Fundir literatura,
artes y vida como práctica de las vanguardias en el mundo ibérico*, Francfort, Vervuert-Iberoamericana, 1999, p. 199.

oscilante, una luz esperanzadora y el anuncio cierto de una tragedia que está por venir, lo cual provoca, como podría anticiparse, una reacción defensiva en la voz del poeta.

Ningún escritor mexicano, que yo sepa, ha podido expresar mejor que Maples Arce la contradicción entre la individualidad del poeta y el advenimiento de un nuevo sujeto multitudinario que implica, de algún modo, la desaparición (o la "superación" hegeliana, si se lo quiere ver así) del primero. Ya desde los primeros, sorprendentes versos de *Andamios interiores. Poemas radiográficos* (1922), Maples Arce había señalado en su lenguaje de ecuaciones equivalentistas: "Yo soy un punto muerto en medio de la hora, / equidistante al grito náufrago de una estrella." La redundancia lo afirma de modo contundente: el sujeto (el ego individual del poeta, que dice: "*Yo soy*") se concibe a sí mismo como *un punto muerto*, como un índice virtual ubicable en lo inubicable, que ostenta un lugar sin lugar. El yo se asume, literalmente, en calidad de muerto. Es un ente devorado por el espacio y reducido a un punto, una tilde sin letra. Al llegar aquí, si fuéramos rigurosos, ya no podríamos seguir leyendo. Está muerto, y sin embargo… habla. Continúa hablando. La cabeza suspendida continúa perorando. El poeta constata, en el momento mismo de ejercer su acto poético, liberador, la muerte del (antiguo) yo poético. Él es ese yo poético que muere en el momento en que se enuncia, y que se enuncia en el momento en que ya está muerto. La catástrofe social (un millón de muertos, el resquebrajamiento de la institución liberal-porfirista, la inevitable cuota de incertidumbre) se traduce, en otro orden de cosas, en la catástrofe del sujeto individualizado, tal como lo enuncia el verso: "Yo soy un punto muerto en medio de la hora" (revolucionaria, se tendría que agregar). Enseguida, el paralogismo, la ecuación que se muerde la cola: "equidistante al grito náufrago de una estrella". La hora tremenda instaura una equidistancia que satura al sujeto. La *estrella* (esto es: el poeta que se eleva sobre la noche indiferenciada, y brilla con luz propia, iluminando, para empezar, su propio ser) se convierte en un *grito náufrago*, agónico; el suyo es un verdadero grito desesperado que se pierde en la noche sabiendo muy bien que nadie acudirá en su rescate. El intervalo social ha desaparecido. Este *punto muerto* se revela como "equidistante" *al grito náufrago de una estrella.* Si se considera esta *mortificación* del sujeto, mortificación metafórica y al mismo tiempo real, en tanto que forma parte de la conciencia del poeta, se torna inteligible la "regresión romántica" que está implícita en muchos pasajes de la estética estridentista. En lugar del triunfalismo huero al que nos habituaron las vanguardias progresistas, *modernólatras* en el lenguaje de Yurkievich, (el bolchevismo, el creacionismo, el futurismo), que proclaman el advenimiento de un superhombre obrero, técnico, dueño de la máquina, calculador, amo y señor del universo (al que transforman a voluntad), triunfalismo con el que debo reconocer que no deja de coquetear así sea en la superficie declarativa, el estridentismo exhibe, a la vez que una inequívoca incertidumbre, una regresiva vena romántica que se asocia con la catástrofe, y que no deja de arroparla y de consentirla incluso en sus momentos de mayor exaltación.[30]

De hecho, este poema puede entenderse como un acta (estentórea) de defunción. Lo contrastante de esta esquela, y lo que impresiona en la lectura, es que irrumpe enmarcada dentro del triunfo luminoso de la ciudad moderna, al grado justamente que *no parece* una esquela: "La ciudad insurrecta de anuncios luminosos / flota en los almanaques". Las fuerzas expansivas de la ciudad, entendida como ciudad de los obreros y los trabajadores,

---

[30] Retomo en este punto, aunque matizándola, la aguda crítica de Jaime Torres Bodet al señalar la "acometividad pretérita, romántica" del estridentismo, y cuando mencionaba que la poesía de Maples incurre, muy a menudo, en "deplorables regresiones románticas." Véase al respecto la nota de presentación de Maples Arce en la *Antología de la poesía mexicana moderna,* de Jorge Cuesta. El único que ha reparado ante esta crítica de los Contemporáneos, que yo sepa, es Octavio Paz, quien en el prólogo de *Poesía en movimiento* hizo estas breves observaciones acerca del estridentismo y de su iniciador: "El nombre fue poco afortunado y el movimiento duró poco. Pero Maples Arce nos ha dejado algunos poemas que me impresionan por la velocidad del lenguaje, la pasión y el valiente descaro de las imágenes. Imposible desdeñarlo, como fue la moda hasta hace poco. En la *Antología* de Jorge Cuesta se le reprochaba su romanticismo. La crítica revela cierta miopía: Apollinaire y Mayakowsky fueron románticos y el surrealismo se declaró continuador del romanticismo." Véase Octavio Paz y otros, *Poesía en movimiento. (México 1915-1966),* v. I. México, FCE-SEP, 1985 (Lecturas Mexicanas. Segunda serie, 4), p. 17. La referencia a la escasa duración del movimiento tiene que ver con una afirmación de Luis Mario Schneider, quien sostenía que el estridentismo se acabó en 1927, con la dispersión del grupo provocada por la dimisión del Gral. Heriberto Jara al gobierno de Veracruz.

y por esto también como ciudad revolucionaria (de aquí el mote de *ciudad insurrecta*), rematan la conclusión de este texto que sin ninguna duda quiere exaltar los nuevos tiempos del siglo que amanece: "El amor y la vida / son hoy sindicalistas, / y todo se dilata en círculos concéntricos". La perfección de esta esfera eufórica, sin embargo, sólo logra concebirse a cambio de lo que podría llamarse un *sacrificio libidinal*. Podría entenderse que la modernidad sólo puede conseguirse a cambio de desprenderse de la figura de la mujer amada, a quien de algún modo se concibe como un lastre del que hay que prescindir. Por eso el poema se deshace de la mujer en las estrofas intermedias: "Sus palabras mojadas se me echaron al cuello, / y una locomotora / sedienta de kilómetros la arrancó de mis brazos". De tal suerte, la mujer se convierte en un recuerdo, en una sombra arquetípica que el poeta evoca con no disimulada nostalgia y con ciertos toques de romanticismo decadente: "Hoy suenan sus palabras más heladas que nunca". La mujer deviene recuerdo silencioso y brillante, aunque ahogado en una espesura que amortigua las señales: "Mis nervios se derraman. / La estrella del recuerdo / naufragada en el agua / del silencio". Un último toque de romanticismo, evoca una desconocida catástrofe nocturna, en la que, se supone, no es posible permanecer: "Tú y yo / coincidimos / en la noche terrible, / meditación temática / deshojada en jardines". La quiero, no la quiero. ¿Se trata de una elección? El deshojar de la margarita se interrumpe de modo abrupto con el surgimiento de la realidad urbana que sustituye el ambiente bucólico de los jardines imaginarios por la prosa brutal del mundo constituida por "Locomotoras, gritos,/ arsenales, telégrafos". Esta prosa, por lo que se ve, es irrecusable. Quiero decir: no se puede hacer nada contra ella.

Urbe. Super-poema bolchevique en cinco cantos está dedicado a los obreros de México. No habría que menospreciar esta dedicatoria colocada al inicio del texto. Maples Arce ha contado en sus memorias que escribió su poema a partir de sus impresiones de un primero de mayo: "Sentía la impresión de lo que estaba pasando y la fiesta de los trabajadores llegaba como una apoteosis hasta mi corazón. Me parecía bello aquel desfile interminable bajo el sol deslustrado de la tarde. Mi espíritu, lleno de las inquietudes del instante, me sugería esas resonancias. Así, me fui pensando y soñando a través de la ciudad, integrado a la marcha gloriosa de los obreros. Las disensiones sindicales, las agitaciones políticas y las amenazas de guerra civil se cernían sobre nuestros destinos".[31]

Adviértase de qué modo, al aspecto triunfal del desfile obrero, Maples contrapone un lado oscuro y amenazador. Discordias sindicales, agitaciones políticas y hasta *amenazas* de una guerra civil. En efecto, son los momentos en que el régimen del Gral. Obregón parece tambalearse bajo los efectos de un poderoso levantamiento encabeza-

---

[31] Manuel Maples Arce, *Soberana juventud,* Madrid: Editorial Plenitud, 1967, p. 147.

do por Adolfo de la Huerta y otros generales enemigos del régimen. Los habitantes de la ciudad de México no pueden ser indiferentes ante esta rebelión que amenaza con envolverlos en un nuevo baño de sangre. Lo precisa el propio Maples Arce: "En la Cámara de Diputados, la razón de los discursos se trocaba sorpresivamente en un relámpago de pistolas. Los entorpecedores del progreso de México fanatizaban a grupos de militares y políticos para adueñarse del poder, los obreros desfilaban en manifestaciones de alerta, y, por mi parte, *miraba estos espectáculos* y reflexionaba sobre las circunstancias y responsabilidades de los hombres que podrían influir en los destinos nacionales. Cuando llegué a mi casa, bajo las fuerzas estimulantes, me puse a escribir un canto en que latía la esperanza y la desesperación". Lo positivo y lo negativo de un momento contradictorio, inestable. Lo curioso es que una realidad así de tremenda pueda describirse como un "espectáculo", o sea, como algo que se contempla desde afuera, casi sin involucrar al testigo. Esto se debe a que se admira el cataclismo social al mismo tiempo que se le teme. La fascinación y la repulsión están presentes en el poema. Se juntan sin conciliarse jamás. Por eso anota, ahí mismo, Maples Arce: "Si se advierten en él ciertos contrastes, débense a circunstancias amargas que aniquilaban la alegría".[32]

Creo que este carácter oscilante es uno de los elementos que han dificultado a los críticos una correcta

[32] *Ibid.*, p. 148.

valoración de este poema maestro del estridentismo. Lo viejo y lo nuevo protagonizan una lucha que todavía no está decidida del todo, por más que el tema y el lenguaje del texto sorprendan por su actualidad al mismo tiempo maquínica y colectivista. La mayor paradoja es que el estridentismo se presenta como un movimiento progresista que, sin embargo, en un cierto nivel del texto, resiste el progresismo. Se abraza la modernidad al mismo tiempo que se le teme, así sea de modo inconsciente. Basta comparar el texto de Maples con los de Mayakovsky, o bien verlo a la luz del cine soviético de la época (remito en particular a *Lo nuevo y lo viejo* de Eisenstein, de 1929), para advertir hasta qué punto el estridentismo mexicano no cree en el progreso a ciegas, ni de modo incondicionado: se advierte al mismo tiempo el triunfo de la tragedia. El futuro también es oscuro, y abre el abismo de la contingencia, para decirlo de otro modo. Es prometedor y a la vez catastrófico. Después de leer *Urbe*, uno queda convencido que el texto obedece a un proceso complejo de gestación, y que en este proceso juegan un papel destacado los siguientes teoremas:

a) El poeta (arcaico) se constituye en poeta (moderno) en y por su experiencia de la catástrofe. El poeta trabaja la catástrofe para obtener una ganancia de eternidad.

b) El poema moderno sólo será posible si logra conjugar una multiplicidad de planos espacio-temporales, de modo análogo a como el cubismo conjuntaba en el plano una multiplicidad de estos planos.

c) El paso del *sujeto arcaico* al *sujeto moderno* exige un sacrificio libidinal. La mujer, objeto romántico por excelencia, será sacrificado en favor de un nuevo sujeto, anónimo y multitudinario: la cíudad. Lo colectivo, así, se impone sobre lo individual.

d*)* El sacrificio, empero, no equivale a una eliminación; el peso de lo muerto continúa gravitando sobre la economía del poema en la forma de una resistencia, de un lastre que sabotea la ideología eufórica del texto.

Maples Arce consigue la modernidad de su poema poniendo en tensión cuando menos tres planos, los cuales coexisten sin solución de continuidad al interior del texto: *a)* El de la *ciudad-ciudad* (la metrópoli, la ciudad de México) con la *ciudad-puerto* (¿Veracruz?). El poema describe las dos ciudades como si fueran una sola. Propone que *son* una sola; *b)* Dos historias: la *social-colectiva*, y la *amorosa-individual*, siempre en contrapunto, aunque el momento de pérdida y mortificación corresponde al último elemento; y *c)* Dos valoraciones, que coexisten sin que una de ellas se imponga sobre la otra: lo *afirmativo* (los vientos de la revolución social, por ejemplo) y lo *negativo* (o cataclísmico: el mismo viento soviético, pero ahora convertido en heraldo de las grandes tragedias, ¿que podrían evitarse?). Puedo ilustrarlo con un fragmento del poema. "Momento afirmativo":

> Los pulmones de Rusia
> soplan hacia nosotros
> el viento de la revolución social.
> Los asalta-braguetas literarios
> nada comprenderán
> de esta nueva belleza
> sudorosa del siglo...

Como contraste, unas páginas después, el mismo motivo revolucionario, pero ahora con una valoración sombría, pesimista, que agrega una nota de acentos apocalípticos, clara evidencia de un movimiento de retracción que la voz poética es incapaz de evitar. Así, el viento soviético, en lugar de traer consigo un momento positivo de redención, conlleva la destrucción del espacio bucólico, que se va a pique en la sombra, como una embarcación en naufragio. Adviértase el cambio: el viento revolucionario, aquél en el que se gesta la *nueva belleza sudorosa del siglo*, la belleza proletaria, es reemplazado por el viento funesto de las *grandes tragedias*:

> Sobre la arboladura del otoño,
> sopla un viento nocturno:
> es el viento de Rusia,
> de las grandes tragedias,
> y el jardín,
> amarillo,
> se va a pique en la sombra.

La economía libidinal del texto, como he dicho, exige la mortificación del amor (representado por la mujer). Esta mujer aparece en resplandores durante los cinco cantos del poema, pero va de un más a un menos, de una evocación positiva, luminosa, a una negativa, borroneada con manchas. En el canto I, por ejemplo, puede leerse el siguiente apóstrofe, que viene a ser casi como una aparición taumatúrgica: "Súbitamente, / ¡oh el fogonazo / verde de tus ojos!". Leemos de modo parecido en el canto II, siempre entre exclamaciones: "¡Oh muchacha romántica / flamarazo de oro!". Luego, el tono de maravilla y asombro cede el paso a una visión de fracaso, de mohína y desintegración en el canto III: "Perdida en los oscuros pasillos de la música / alguna novia blanca / se deshoja". La novia, como quien dice, se quedó frustrada, esperando... En el canto IV, la mujer amada ya sólo alcanza los beneficios de una (nostálgica) evocación, pues sólo existe en el recuerdo del personaje: "Sus palabras de oro / criban en mi memoria". El canto V, ya para concluir, es el adiós definitivo; el poeta moderno se ha desprendido del lastre que le impedía volar: "Entre los hilos de su nombre / se quedaron las plumas de los pájaros./ Pobre Celia María Dolores".[33]

La catástrofe amorosa, como se ve, rima con la catástrofe social, y con la emergencia de un nuevo sujeto colectivo que convierte al amor romántico, individualista, en una verdadera antigualla. El mundo se cimbra

---

[33] Esta despedida libidinal puede entenderse también, y sobre todo, como una despedida literaria. Con esta "desaparición" de la amada, Maples

de raíz, y el texto se desborda de evocaciones destructoras. Fiel a su nombre, *Urbe* es al mismo tiempo una descripción de la ciudad sindicalista y una protesta profética contra el antiguo orden social que se niega a morir. En la nueva ciudad, el tiempo es necesariamente un tiempo político, que ostenta la rúbrica de unos batallones obreros: "Bajo las persianas ingenuas de las horas / pasan los batallones rojos". En la nueva ciudad hay una protesta anticapitalista a la vez que una profecía de justicia: "Los burgueses ladrones, se echarán a temblar / por los caudales / que robaron al pueblo". En la nueva ciudad prevalecerá una justicia dinamitera: "pero alguien ocultó bajo sus sueños / el pentagrama espiritual del explosivo." En la nueva ciudad el tiempo mismo parece acribillado: "La tarde, acribillada de ventanas / flota sobre los hilos del teléfono". En la nueva ciudad, vórtice de todas las transformaciones, surge también la profecía apocalíptica: "Después, sobre los desbordes del silencio, / la noche tarahumara irá creciendo". Evocación de un primitivismo siniestro (*la noche*

Arce parece distanciarse de modo definitivo de la figura de esa mujer aristocrática y tísica, sin duda decadentista, en torno a la cual giraba su primer libro, escrito todavía dentro de la estética del modernismo, *Rag. Tintas de abanico* (Veracruz/Barcelona: Catalán Hnos., 1920). Remito al interesante rescate de este librito realizado por Klaus Meyer-Minnemann en *Literatura mexicana*, México, UNAM, vol. III, núm. 1, 1992. Como observa Meyer-Minnemann: "El mismo Maples Arce parece que lo tuvo en poca estima. Casi nunca lo menciona ni lo hace figurar en la lista de sus obras". Entendido el asunto de este modo, despedir a la "Pobre Celia María Dolores" es sepultar un fantasma que viene del Modernismo.

tarahumara) que utiliza la imagen de los indígenas para sugerir una connotación destructiva, que habrá de crecer hasta instaurar el caos. Lo siniestro, el rostro de lo desconocido, de lo monstruoso que no puede decirse y que escapa a la comprensión, asoma sus pestañas. Por ello los trenes, estos heraldos del progreso, aúllan en el poema "hacia los horizontes devastados". Lo progresivo anuncia la destrucción. Por eso se sabe que los soldados "dormirán esta noche en el infierno" (posible alusión a que los han enviado a sofocar la revuelta que encabezan los enemigos de la Revolución).

El canto V es todavía más contundente en su sentido evocador de la catástrofe: "Las hordas salvajes de la noche / se echaron sobre la ciudad amedrentada". Conjunción de contrarios: la ciudad estridentista, eufórica y progresista, es asaltada por las *hordas salvajes* que amedrentan a la ciudad. Otro ejemplo, de igual modo aleccionador, y puede ser que un poco tremendista: "Bajo los hachazos del silencio / las arquitecturas de hierro se devastan. / Hay oleadas de sangre y nubarrones de odio". En efecto: miedo y desolación. Estremecimiento y pavor. Tremendismo. Para acabar de dar al traste con cualquier rasgo de optimismo (o de plácida evocación de la mujer amada, acariciada aunque sea en el espacio de la memoria), leemos: "Los discursos marihuanos / de los diputados / salpicaron de mierda su recuerdo".

No se trata por supuesto de decir la última palabra sobre este poema poco valorado por la crítica. Se trata, antes bien, de llamar la atención sobre el texto más importante de Maples, y por lo tanto, del estridentismo como movimiento poético. A más de siete décadas de su aparición, este poema de Maples es uno de los textos capitales de la literatura mexicana, y no ha envejecido ni se ha llenado de arrugas como creo que he tratado de mostrar. Es un texto rico, polivalente, que no nos viene mal releer en este amanecer de un siglo nuevo. *Urbe. Super-poema bolchevique en cinco cantos* puede leerse como un texto cerrado, que intenta describir un ciclo completo dentro de la vida de una ciudad. Subyace en él, pues, una estructura temporal que es ya en sí misma digna de atención. Se trata de un registro poético de lo que serían 24 horas en la vida de la ciudad emblemática. Este periplo propone un candado temporal, perfectamente circular: se inicia en la mañana y concluye cuando un nuevo amanecer empieza a despuntar.

He aquí la conformación del poema tal y como se revela en sus cinco cantos. El primer canto es el de la mañana. El segundo, el del mediodía. El tercero, el del atardecer. El cuarto, el de la noche, que se presiente terrible. El quinto y último representa el desmoronamiento nocturno y el subsiguiente amanecer. ¿Se trata del amanecer de las buenas noticias? ¿Después de las tenebrosas tragedias vienen acaso albricias reconfortantes? ¿Los obreros de México, supuesto sujeto de la alocución, habrán tomado el poder? Me parece que nada autoriza a sugerir una versión tal. Lo que amanece es un *cielo deshilachado,* oxímoron notable que encierra una contradicción en los términos, y que nos deja en tanto lectores en la indecisión más completa, sin saber hacia dónde inclinarnos. Transcribo la problemática estrofa con la que concluye el poema: "Las calles / sonoras y desiertas, / son ríos de sombra / que van a dar al mar, / y el cielo deshilachado, / es la nueva / bandera / que flamea / sobre la ciudad".

¿Qué quiere decir el texto con estos enunciados finales? Lo primero que impresiona son esos *ríos de sombra* que avanzan por las calles y van a dar al mar, acaso porque recuerdan el conocido verso de Manrique, que habla de ese mar "que es el morir"; impresiona después, y de la manera más perdurable, la alusión a ese *cielo deshilachado* que se convierte en la nueva bandera que *flamea sobre la ciudad.* Aunque se sabe, sí, que el cielo es *la nueva bandera,* y la novedad indica aquí un posible cambio positivo, una posible euforia temperamental, la connotación negativa no deja de escucharse con igual o mayor fuerza, pues lo que preside la mañana es un *cielo deshilachado,* quiere decir: roto, convertido en girones. Lo que se impone, así, al final, es un horizonte en ruinas. Un horizonte que no promete nada. O mejor: que se cierra como horizonte. Esta peculiar conclusión del poema, con esta tremenda evocación catastrófica, estaba en realidad anunciada en un pasaje anterior del texto, cuando se oía al poeta proclamar, con un poco de suficiencia, al final del canto I: "Mañana, quizás, / sólo la lumbre viva de mis versos /

alumbrará los horizontes humillados". Ya se vio, en efecto, que sólo tenemos los versos de Maples para iluminar esos horizontes.

Es esta *humillación* de los horizontes, me parece, lo que hay que tener en mente para balancear, o hasta para corregir, si se quiere, el alborozado optimismo ("modernólatra", podría agregar Yurkievich) de un texto que se autocalifica con dos adjetivos devastadores, y que, esto me parece más que evidente, le quedan excedidos: "super-poema", "bolchevique". Contra sus pretensiones explícitas, y qué bueno que así sea, no es una cosa ni la otra. Y, sin embargo, esto no disminuye la singularidad ni la importancia de este poema en el que la ciudad de México es por primera vez el tema y el personaje, el punto de partida, y la aspiración, siempre insaciada, hacia la que se vuelca el poeta moderno. Quizá ni siquiera Maples Arce pudo imaginar que ocho décadas después de publicado su libro, como si se tratara de un trozo de eternidad o de una postal congelada en los laberintos de la memoria, un habitante de la ciudad de México iba a seguir reconociéndose en la persistente inquietud de ese *cielo deshilachado* que todavía, sin intermitencias y sin concesiones, *flamea sobre la ciudad.*

LA CARA OSCURA DE LA VANGUARDIA

Una correcta valoración de la poesía estridentista tendría que reparar también en sus momentos de fractura, los cuales no son escasos y tienen que ver no sólo con algún traspiés estilístico o con un reflujo en la intensidad escritural, sino con una resistencia acaso inconsciente a esa modernidad a la que de manera estentórea intentaba abrazarse. La personalidad literaria de Maples Arce, por otro lado —y en esto hay que darle razón a la precoz crítica de Villaurrutia— dominó en los terrenos del verso de manera tan arrasadora que los restantes poetas del estridentismo, entre ellos List Arzubide, Aguillón Guzmán y Salvador Gallardo, fungieron casi como sus clones involuntarios. No sin malicia había escrito Villaurrutia: "Manuel Maples Arce ha logrado crear una inconsciencia poética colectiva, un verdadero *unanimismo*". Modo, vocabulario, ritmo y tics, todo ello se disemina como por contagio en los poemas de los adláteres de Maples. Todavía más, el propio Maples Arce no escapa en un momento dado a los peligros del pastiche. Su desenfado y originalidad se convierten en fórmula y por lo tanto declinan en su tercer libro estridentista, que obedece al frenético nombre de *Poemas interdictos*. ¿Interdictos? ¿Por qué? ¿Cómo? ¿Cuándo? Nada hay en estos poemas que pudiera provocar su prohibición... a menos que se aluda de modo involuntario a la posible interdicción de la voz poética, que se sabe intervenida, lastrada, acaso impostada, así sea por la rutina que consistiría en seguir fiel a un credo de vanguardia que tampoco estaba obligado a durar para siempre. Ignoro si podría leerse en esta estrofa alguna pizca de atrevimiento sexual, concitador de censura:

Una tenue esperanza me llevó a sus caricias;
su imagen repentina me estremece en lo hondo;
anida su blancura en la tarde latente,
y mientras que desciñe su busto de suspiros
los árboles alumbran nuestro secreto cósmico.

Es la consabida historia de un hombre y una mujer. Se entiende que ella se ha quitado el corpiño, y que "suspiran" sus pechos al aire libre, instaurando una epifanía momentánea. Cobijados por la espesura de los árboles, se abrazan, se acarician. "Los árboles alumbran" (aunque también podría decir, cobijan) el "secreto cósmico" de esta pareja. El gran secreto que no debería revelarse: el coito. ¿No se antoja un poco excesiva —y por lo tanto, injustificada— esta retórica del *secreto cósmico*? Yo diría que sí.

En "Canción desde un aeroplano", el texto con el que se abre *Poemas interdictos,* se encuentra el otro extremo del diapasón: no el silencio propiciatorio del encuentro amoroso, sino el ruido frenético del avión, convertido en... ¡aplauso multitudinario! Como si la hazaña de volar implicara una ovación cerrada por parte de una hipotética multitud expectante:

Cantar.
                    Cantar.
Todo es desde arriba
equilibrado y superior,
y la vida

es el aplauso que resuena
en el hondo latido del avión.

El poema contiene algunos aciertos que no cuesta trabajo discernir. En particular, me gustan los dos últimos versos, que dejan leer: "Tu recuerdo se agranda como un remordimiento, / y el paisaje entreabierto se me cae de las manos". Más allá de esta obsesión por la pérdida amorosa, que tiene que ver con la economía (con la simbólica) de la muerte, la idea de un paisaje que se le cae de las manos al de la voz poética me parece de lo más efectiva. Una curiosidad histórica: la retoma al tiempo que la vuelve más compleja el joven Paz en uno de sus primeros poemas de tanteo y aprendizaje, que quedaron perdidos en las revistas de la época.[34]

Hay una suerte de "declaracionismo" que impacta a la vez que pudiera parecer demasiado oratorio en algunos pasajes de este poema que trata de transmitir una

---

[34] "Preludio viajero" es el título de este poema juvenil de Paz que se publicó en la revista *Barandal* a principio de los años treinta. Se recoge en Octavio Paz, *Obras completas*, t. 13. *Miscelánea I. Primeros escritos,* México, Círculo de Lectores-FCE, 1999, p. 37. La tónica del alejandrino, del que apenas si logra despegarse aquí el joven Paz, así como la recurrencia de una imagen análoga, permiten adivinar que estos versos presuponen la lectura de los de Maples Arce. Véase si no: "El paisaje angustiado nos alarga los brazos / mientras desmáyase una rosa, cayéndose a pedazos". Los editores de *Poesía en movimiento,* entre quienes se encontraba Octavio Paz, incluyeron esta "Canción desde un aeroplano" de Maples Arce en su recopilación. Dado el antecedente que se menciona, no sería remoto que hubiera sido el propio Paz el responsable de esta elección.

experiencia aérea, la de quien aborda acaso por primera vez un aeroplano. Transcribo la estrofa inicial, que
no me deja mentir:

> Estoy a la intemperie
> de todas las estéticas;
> operador siniestro
> de los grandes sistemas,
> tengo las manos
> llenas
> de azules continentes.

¿De dónde viene lo de "siniestro"? ¿Qué tiene que
ver esto con los "grandes sistemas"? ¿Se trata de un *piloto de izquierda*, que milita acaso en el proscrito Partido Comunista? La referencia *siniestra*, hay que decirlo, es un tanto confusa. La imagen final es mucho más
convincente: el piloto, el operador, tendría las manos
llenas *de azules continentes*. ¡Bravo! El problema es
que otro poeta de vanguardia, Carlos Pellicer, ya había
publicado con varios años de anticipación un mejor poema sobre este mismo tema, y cuando digo "mejor" me
refiero a que lo que dice lo dice con mayor naturalidad
y eficacia, sin aspavientos y de modo mucho más convincente. Remito, para no ir más lejos, al "Estudio" de
Pellicer que aparece en su libro *Colores en el mar,* que
es de principios de la década de los veinte: "Jugaré con
las casas de Curazao, / pondré el mar a la izquierda / y
haré más puentes movedizos. / ¡lo que diga el poeta! /

(...) Por la tarde vendrá Claude Monet / a comer cosas azules y eléctricas".[35]

La pieza de resistencia de estos *Poemas interdictos* es el poema titulado "Revolución". Reparo en este texto porque él recuerda de modo explícito la relación que establecía Arqueles Vela entre la poesía de Maples y el complejo histórico que se conoce con el nombre de Revolución mexicana. El cataclismo revolucionario abre una nueva época en la historia del hombre, y el pasado, por lo tanto, se ha marchitado sin remedio. Por eso inicia el poema: "El viento es el apóstol de esta hora interdicta. / Oh épocas marchitas / que sacudieron sus últimos otoños!" La entrada y el título del poema pueden parecer grandilocuentes, y lo son. Ya esto indica la desmesura de la tentativa. Ninguno de los poetas de la época, ni otros anteriores, al menos que yo sepa, se atrevieron a titular así alguno de sus textos. El poema despierta en la expectativa del lector la idea de que va uno a encontrar una síntesis de lo que fue el movimiento armado, o bien un trozo del mismo que podría ser representativo, como la novela *Los de abajo de* Azuela resultó ser representativa de dicho complejo de aconte-

---

[35] No comparto la opinión de Schneider en el sentido de que "Canción desde un aeroplano" sería "uno de los poemas más relevantes de la vanguardia en castellano (...), y uno de los más perfectos de la lírica mexicana". Según Schneider, Maples se anticiparía con este texto a *Altazor* de Huidobro. Cf. Luis Mario Schneider, *El estridentismo. La vanguardia literaria en México,* México, UNAM, 1999 (Biblioteca del estudiante universitario, 129), p. XXXIII.

cimientos. Interesa advertir que la Revolución, cuando menos en cierto sentido, ya es cosa del pasado (como lo indica la rememoración del personaje: "trenes sonoros y marciales / donde hicimos cantando la Revolución"), y que el de la voz poética, en este caso, es un soldado (¿un joven veterano, se lo podría llamar así?) que ha sido enviado a reprimir alguna rebelión de la época post-revolucionaria. La rebelión delahuertista, podría suponerse, que cimbró al país en 1923. Que el de la voz poética sea un militar, esto es algo que implica una novedad extraordinaria: Maples abandona por un momento la indumentaria del *dandy* que le era tan característica, arroja su bastón, se despoja de su chaleco y su leontina, se afloja las polainas y los botines de dos colores, para meterse en las rudas botas de un soldado raso que ha sido enviado a combatir a un enemigo sin rostro, que acecha en algún lugar inesperado. "La artillería / enemiga, nos espía / en las márgenes de la Naturaleza; / los ruidos subterráneos / pueblan nuestro sobresalto / y se derrumba el panorama". Hay miedo. Hay desconcierto. Los trenes militares van hacia los cuatro puntos cardinales... "al bautizo de sangre / donde todo es confusión, / y los hombres borrachos / juegan a los naipes / y a los sacrificios humanos". La inconsciencia y la barbarie de la Revolución, la lucha de las facciones, el nulo respeto por la vida humana, incluso, los siniestros rituales de los aztecas... La frase *sacrificios humanos* tiene aquí un peso específico definitivo. Los estratos más reprimidos del pasado histórico afloran en este momento de confusión.

Por eso el soldado declara poseído de lucidez en medio del desconcierto: "Nunca como ahora me he sentido tan cerca de la muerte".

En casa, las mujeres preñadas se han quedado rezando por los soldados. Preñadas: el mandato de la especie; la confirmación de que los miembros del pelotón —fanfarrones, machistas, bien puede ser— cumplieron con su tarea biológica. Que sus hombres vuelvan con vida, ruegan las mujeres a los Cristos de piedra. Nueva referencia arqueológica: de piedra porque son unos Cristos primitivos, casi prehispánicos. El cataclismo se liga con la presencia del viento: "Después de la matanza / otra vez el viento / espanta / la hojarasca de los sueños". El de la voz, por lo visto, sobrevive al combate. Los que han muerto son los otros, por fortuna, los que se habían alzado en contra de las sacrosantas instituciones de la Revolución. Por eso puede decir, ya para terminar, con un orgullo que en algo puede evocar el de los sacerdotes aztecas al finalizar una de sus ceremonias sangrientas: "Sacudo el alba de mis versos / sobre los corazones enemigos, / y el tacto helado de los siglos / me acaricia en la frente".[36]

No cuesta mucho trabajo advertir que el poema se contradice a sí mismo. Al final ya no queda claro si de

---

[36] Katharina Niemeyer observa que "frente al patetismo grandilocuente de las primeras estrofas del poema", todavía bastante próximas a *Urbe,* "destacan otros versos que casi recuerdan a López Velarde". Véase Katharina Niemeyer, art. cit., p. 203.

verdad las épocas marchitas sacudieron sus últimos otoños. La Revolución no abre una nueva época histórica, como declaran de modo enfático los primeros versos, sino más bien recicla una temporalidad arcaica que alienta en los estratos más profundos, y que desde allá brota con el rostro de lo siniestro. Retorna la misma y vieja carnicería de la prehistoria que se creía superada, el tiempo de los sacrificios humanos en el Templo Mayor. Podría tratarse de una ironía sonámbula, que se impondría en el texto por encima de la intención de su autor, y que lo haría decir otras cosas que las que quiere decir. El texto sugiere una amalgama en el asunto de los tiempos de la que el propio Maples no parece tener el control.

Creo que aunque el tema y el procedimiento resultan notables, el poema se queda muy por debajo de lo que pretendía. Véase por ejemplo la inepcia de estas líneas, más advertible si se tiene en cuenta que el de la voz es probablemente un soldado raso: "...pero llegan los otros de improviso / apagando el concepto de las cosas, / la imágenes tiernas al borde del horóscopo". Sí, ya se sabe, los otros llegan siempre de improviso, por algo son el enemigo. Pero, ¿qué quiere decir eso de que apagan *el concepto de las cosas*? ¿Y qué tiene que ver el rudo soldado que habla en el poema con esa evocación nostálgica y hasta un poco cursi de las supuestas *imágenes tiernas al borde de un horóscopo*?

Esto me lleva a mencionar una de las resistencias que oponen los estridentistas a la modernidad. En este caso se trata de una resistencia inconsciente, que trabaja en el nivel de los ritmos, de la organización fónica de la materia prima, y que desdice de la libertad en la que se supone tendrían que moverse como vanguardistas. Pese al énfasis desmelenado de sus proclamas, nunca lograron los poetas estridentistas liberarse de los patrones métricos caros a sus antecesores del modernismo. El ritmo machacón del alejandrino González-martinesco reaparece una y otra vez, lastrando el vuelo de sus versos y desdiciendo en el nivel de la *cora* (o sea, en el nivel del significante) lo que de manera explícita se quiere decir.

En este punto no me queda sino darle la razón a Jaime Torres Bodet cuando señalaba, en un ensayo publicado en la revista *Contemporáneos 4*, que la temperatura que circulaba en los alejandrinos de Maples Arce (no importa que se trate a menudo de unos alejandrinos disfrazados, agregaría yo, y combinados a veces con endecasílabos) lo asociaba a la tradición de melancolías de la que el programa lírico de su escuela pretendía desprenderse. Lo había indicado ya de otro modo el mismo Torres Bodet, aunque esta vez en la nota sin firma que aparece en la *Antología de la poesía mexicana moderna* de Jorge Cuesta: "El tono mismo del alejandrino que prefiere —y que desarticula con escasa habilidad— lo ata a esa tradición que continúa precisamente cuando más la ataca".[37]

---

[37] Véase Jaime Torre Bodet, art. cit., pp. 239-240, así como la nota del mismo en la *Antología* de Cuesta.

Esta es sin duda una de las paradojas de la poesía estridentista. La revolución en los contenidos no va acompañada de una revolución formal, ubicada en el nivel del significante. Los verdaderos campeones del versolibrismo van a ser otros: Xavier Villaurrutia, Novo (señaladamente el Novo de *Never ever*, al que hace falta estudiar), Gilberto Owen. Maples Arce y sus compañeros de vanguardia no logran liberarse nunca de una cierta musiquita en la que se escucha, al menos en el nivel métrico, la victrola de lo ya conocido. Incluso Salvador Gallardo, a quien Klaus Meyer-Minneman rescata en una antología alemana de la poesía mexicana del siglo XX, recae a las primeras de cambio en la fascinación del alejandrino, como esta cita de un poema titulado "Pentagrama" lo documenta con suficiencia: "El álbum de las calles / se enrolla en los motores / Con fugas en los postes / que escriben sinfonías". El final del poema puede ser un poco más complejo, pero no dejan de escucharse, a modo de estructuras parásitas que capturan la mente del poeta, las consabidas métricas del octosílabo y del endecasílabo:

> Sobre la acera encerada
> las lunas juegan boliche.
> ¡ALTO! EVITE-PELIGRO
> Y ante el mandato verde de tus ojos
> Toda mi alma se ha desparramado.[38]

---

[38] Klaus Meyer-Minneman, *Avantgarde und Revolution. Mexicanische Lyrik von López Velarde bis Octavio Paz*, Frankfurt, Vervuert, 1987, p. 72.

¿Así se desparramó el estridentismo, víctima acaso de una fuerza centrífuga que nunca logró someter? ¿La modernidad era como una nueva torre de Babel, que estaba condenada a quedar inconclusa en tanto que sus supuestos operarios serían dispersados, si no sobre la faz de los continentes, en oscuros rincones de la provincia? ¿Quedarían obsoletos los estridentistas como sucedió necesariamente con todos los cachivaches que habría engendrado la modernidad? Salvador Gallardo escribe: "Los troles se agarran de los cables / para que los tranvías jadeantes / no se arrojen al mar". La imagen impresiona. ¿Son los estridentistas como estos troles jadeantes que se aferran a los cables para no rodar hacia el precipicio, convirtiéndose así en las víctimas mecánicas de una energía centrífuga que los arroja fuera, en las orillas, al margen de la historia? Otra vez los versos de Gallardo: "La luna esquirola / se ríe de los focos / comunistas / y los ojos parpadeantes del peligro / avizoran los naufragios". Los focos comunistas... Uno se pregunta si los estridentistas no serían al fin y al cabo estos *focos comunistas* de los que se carcajea la *luna esquirola,* que sabotea —naturalmente, sin proponérselo, nada más porque es la luna— los intentos de esos arrebatados voluntaristas que publican poemas porque saben que así podrán tener mayor éxito con las mujeres. Lo dice muy orondo el List Arzubide de *Esquina,* con infalibles versos heptasilábicos, formadores de alejandrinos: "Todas las pantorrillas / viven de exhibición / y mientras los eléctricos / murmuran de mi pena / con sus banderas rojas / van pasando mis novias / en manifestación".

¡Las novias en manifestación! ¡Exhibiendo —por supuesto— su adhesión estridentista! Ya se sabe que la gloria es mujer, y que prefiere a los osados, a los intrépidos del verbo, a los desbrozadores de los nuevos senderos. Por eso las mujeres, algo tontuelas y además envidiosas, se cuelgan del cuello de los poetas, para ver si se contagian ¡ilusas! con un poco de su genio. Kyn Taniya lo deja muy claro en un pasaje naturalmente eufórico (aunque no siempre eufónico) de su libro *Avión*:

> Somos los últimos hijos del hombre
> con cabelleras de sol y corazones de tigre
> Degollemos a las amantes cobardes
> que se cuelgan a nuestros cuellos
> celosas de la gloria en flor

Hay algo de miga en estos versos. Al lado de una prepotencia nietzscheana, en la que se prefigura el surgimiento de una nueva raza de cabellos rubios y *corazones de tigre* (¿los vanguardistas serían entonces el brote más fino de la raza del porvenir, los nuevos ejemplares de la implacable *bestia rubia*?, o bien ¿serían acaso la encarnación misma del superhombre pregonado por Nietzsche?), al lado de este racismo por el que habla el espíritu, y no precisamente el de Vasconcelos, llama la atención la invitación voluntarista a deshacerse de las mujeres. ¿A deshacerse? Que digo: a degollarlas. A cortarles el cuello por aprontonas. Si bien puede leerse en esta pulsión de muerte un gesto análogo al de Maples Arce... que necesita despojarse de la mujer para descubrir y cantar a la ciudad sindicalista, no me parecería justo culparlos sin mayor trámite de misoginia. Sería una acusación trivial que no depararía consecuencias. Contrasto mejor la postura de Kyn Taniya con la de Germán List Arzubide, quien dibuja un panorama más amable cuando evoca, así sea *in memoriam* (lo cual presupone, una vez más, su muerte en el plano simbólico, e incluso, una economía de la muerte sin la cual no sería pensable su metaforización), la imagen de una mujer, quien, ávida lectora, y dotada de *ojos sin fronteras,* habría fatigado línea con línea las planas de sus versos:

IN MEMORIAM

Ella
      lejana
sin rumbo entre la maquinaria
     del silencio
de la noche me llega
el perfume
de sus ojos sin fronteras
que agotaron todas mis ediciones

III. TRES OBRAS MAESTRAS DE LA PROSA ESTRIDENTISTA

LA SEÑORITA ETCÉTERA DE ARQUELES VELA

La prosa por excelencia del estridentismo la escribió Arqueles Vela. Si los prestigios pertenecen al verso (todos los "dioses mayores" escriben poesía: Salvador Díaz Mirón, Enrique González Martínez), la prosa puede presumir de su efectividad, quiero decir, de su eficacia comunicativa. Legibilidad ante todo, y la capacidad de llegar a muchos más lectores. Corresponde a Arqueles Vela el mérito histórico de haber publicado el primer texto narrativo de la vanguardia hispanoamericana. Con *La señorita etcétera* (1922), Arqueles Vela se convierte en el émulo casi instantáneo del estridentista Maples Arce. Entre *Andamios interiores* y el librito del joven periodista guatemalteco avecindado en México hay sólo unos meses de diferencia. Lo que anuncia Maples Arce en sus manifiestos y verifica en sus textos de poesía, lo explaya de modo magistral Arqueles Vela en su sorprendente trabajo como narrador. Katharina Niemeyer observa que *La señorita etcétera* es "la primera novela vanguardista hispanoamericana", y que se publica justamente en el *annus mirabilis* de la vanguardia en Europa y Latinoamérica.[39] Esto quiere decir que se adelanta a *Escalas melografiadas* (1923) de César Vallejo, a *El habitante y su esperanza* (1926) de Pablo Neruda y a *La casa de cartón* (1928) de Martín Adán, para no mencionar los textos en prosa de sus colegas de Contemporáneos en México. *La llama fría* de Gilberto Owen es de 1925, *Novela como nube* del mismo autor, de 1926, y *Dama de corazones* de Xavier Villaurrutia de 1928.[40]

El calificativo de "novela" que se dio a *La señorita etcétera* desde su publicación en las páginas de *El Universal Ilustrado* puede por supuesto discutirse, aunque no hay que perder de vista que el desenfado con el que se le nombra de tal modo ya implica una actitud vanguardista por sí misma, que conlleva una más o menos consciente subversión de los géneros literarios. Luis Mario Schneider se pregunta si *La señorita etcétera* es en realidad una novela o un cuento, y resuelve con una doble negación: ni una cosa ni otra. Sostiene: "Más bien es una breve crónica poética, donde no existe ninguna

---

[39] Katharina Niemeyer, "Acerca de la modernidad en la novela vanguardista hispanoamericana", en Inke Gunia y otros, *La modernidad revis(it)ada. Literatura y cultura latinoamericanas de los siglos XIX y XX.* Berlín, Edición Tranvia-Verlag Walter Frey, 2000, p. 311. *La tierra baldía* de Eliot y el *Ulises* de Joyce, así como *Trilce* de César Vallejo, para no ir más lejos, son también de 1922.

[40] La gran excepción es como siempre Salvador Novo. La investigadora Katharina Niemeyer registra que éste publica hacia 1923 "¡Qué México! Novela en que no pasa nada". Katharina Niemeyer, "Ficción y realidad en la novela vanguardista hispanoamericana" [Mecanoscrito]..

trama y toda ella está sostenida en base a un recuerdo, una evocación".[41] El asunto es que la noción de *crónica poética* que propone Schneider restablece el problema original, pues una crónica implica una narración consecuente de hechos... y quizás la función aquí del adjetivo *poética* sería la de indicar que el texto no relata hechos convencionales, pertenecientes a la realidad por decirlo así periodística de todos los días. No sería remoto que el carácter así llamado "poético" de los acontecimientos que motivaría el juicio del crítico e historiador de la literatura se deba a que, como él mismo observa, en la novela de Arqueles Vela "no existe ninguna trama." Afirmación que desde luego habría que corregir o matizar, pues sin trama no podría haber relato. Si bien no se advierte en *La señorita etcétera* una trama en el sentido realista de la palabra, dado que muchos de los acontecimientos (los cambios de escena, por ejemplo) parecen no estar vinculados entre sí, no por ello deja de existir el nexo emocional de la búsqueda que impone una lógica consecutiva a la organización del texto. Mejor que una trama mimética, pues, lo que hay es una trama expresiva, una concatenación por decirlo así sonambúlica, de algún modo subliminal, sin la cual la revelación última no podría darse. Esta conexión sonambúlica y no convencional de los acontecimientos, por cierto, es lo que la convierte en una novela de vanguardia.

[41] Luis Mario Schneider, *El estridentismo o una literatura de la estrategia,* p. 57.

¿A qué revelación última me refiero? A la del perso-
naje-narrador. Éste cierra su relato con una *anagnórisis*,
con un reconocimiento acerca de la naturaleza de la mujer que obsesivamente se empeña en encontrar. El título
del relato de Arqueles Vela propone ya el misterio verte-
brador del texto, a saber: ¿quién es esa señorita etcétera?
¿Y por qué se llama así? Esta pregunta que asalta a los
lectores, es la misma que suscita y justifica los pasos del
narrador, no importa que él mismo no llegue a verbali-
zarla del todo.

La modernidad conlleva el surgimiento de nuevos sujetos sociales que ocupan la escena de manera inaugural.
La ciudad se convierte en una entidad abstracta, polifa-
cética, irreconocible, que alberga multitudes. Al lado de
los tranvías y los automóviles, al lado de los radios y los
aviones, de las mercancías que imponen una nueva organización del espacio urbano a través de los llamativos
escaparates, y abriendo además nuevos canales de circu-
lación para los resultados del progreso técnico, surgen
también nuevos sujetos sociales, de entrada incompren-
sibles. *La señorita etcétera* no podría haber sido escrita
si no se presupone una crispación, un estado de angustia.
Angustia ante la modernidad de la urbe nueva y de sus
habitantes, que han devenido otros, y que han quedado
como desarraigados con respecto a los antiguos hábitos
y maneras de ser. Angustia ante estos personajes aliena-
dos que deambulan de otra manera por el espacio urbano, en el que experimentan formas inusitadas de despla-
zamiento y capilaridad. De manera especial: angustia

ante la mujer, ante el eterno femenino que adquiere con el nacer del siglo una nueva fisonomía —y acaso también una nueva fisiología mecánica, telefónica, sindicalista, feminista...

Corolario o punto de partida: la angustia del narrador ante lo que él mismo ha devenido. Ante la extrañeza de sí. Más allá o más acá de cualquier intento de explicación causal, el hecho es que el narrador carece de una identidad fija, por eso ni siquiera sabemos su nombre —como tampoco el de ese modelo de mujer al que obsesivamente busca. Se diría, más bien, que ha llegado a ese estadio paradójico en que no puede fincar su identidad sino en una carencia de identidad. Por eso la atmósfera enrarecida, la lógica cuasi-onírica del relato, la indiferencia sonambúlica con la que transcurre de un escenario a otro, con la que pasa de una mujer a otra mujer, como revestido de una suprema indiferencia que lo torna ligero y a la vez prescindible. Como el propio narrador reconoce: "Cualquier ciudad me hubiese acogido con la misma indiferencia. En todas partes hubiera tenido que ser el mismo".

Su aburrimiento es tal, es tal su sensación de lejanía, su desapego con respecto a la realidad real, que lo mismo le da entrar o salir de cierta oficina burocrática, donde, puede entenderse, se gana la vida. "Había salido de una oficina insignificante para entrar a una oficina importante. No había hecho más que lo mismo... Mi vida fue tomando un aspecto de piso encerado".

El narrador se califica a sí mismo como un vagabundo, no sólo de las calles y de la vida, también como un "vagabundo del pensamiento". Se siente tan alejado de todo centro vital, que puede decir en el mismo tenor: "Indudablemente yo era un *papalote* de la vida" donde *papalote*, como se sabe, significa cometa de papel, un juguete del viento.

De lo anterior se desprende que el texto de Arqueles Vela no podría ser colocado en el equipo de los "modernólatras", según la terminología de Yurkievich. No se ha rendido de rodillas ante esa modernidad en la que se halla inmerso; aunque tampoco la rechaza, lo cual lo convertiría en un reaccionario. Se diría que la respira y que la transpira, y que está en consonancia con su época, pero no sin exhibir su propia distancia, su propio estado de alienación con respecto a los tiempos que corren. "El ingenio de Baudelaire, que se alimenta de la melancolía, es alegórico", escribió Walter Benjamin, al vincular la producción del poeta francés con la ciudad de París. A lo que agrega una pincelada significativa de la que me gustaría extraer consecuencias: su poesía "es la mirada del alegórico que se posa sobre la ciudad, la mirada del alienado".[42]

Pienso que la melancolía y la extrañeza del alienado baudeleriano le vienen bien al narrador de *La señorita etcétera*. La única concesión al realismo en el texto de Arqueles Vela, si es que la hay, se encuentra en el enunciado con el que principia: "Llegamos a un pueblo

---

[42] Walter Benjamin, *Iluminaciones II. Poesía y capitalismo,* Madrid, Taurus, 1972, p. 184.

vulgar y desconocido". Después de esta frase que podría suscribir un narrador como Mariano Azuela, todo adquiere un tinte onírico, poetizante y de franca extrañeza. El narrador es un ser errante al que le es imposible fijarse en ningún lugar. De modo inexplicable, el tren en el que viaja sufre un accidente, y éste tiene que descender en una estación desconocida: "Por un accidente inesperado, tuvimos que dejar por un momento los vagones y asaltar la primera estación del itinerario. La ciudad estaba a oscuras. Los huelguistas habían soltado un tumulto de sombras y de angustias sobre la turbia ciudad sindicalista".

Ya estamos en la incertidumbre. En el miedo. Los electricistas en huelga han dejado la ciudad a oscuras. La poeticidad de las imágenes introduce al lector en un mundo de emociones subjetivas. Los huelguistas sueltan las sombras sobre la ciudad como los pastores dejan suelto el rebaño. Pero no son unas cuantas, se trata de un tumulto de sombras, lo que connota el carácter masivo que ha de revestir todo acontecimiento a partir de ahora. Quiero decir: su carácter amenazante. Para que no quede duda de lo anterior el texto insiste al colocar en idéntico nivel de la frase a las "sombras" y a las "angustias"... que caen, ambas, "sobre la turbia ciudad sindicalista".

Tres notas fundamentales se me imponen en el texto de Arqueles Vela. Primero, el carácter alienado del narrador-personaje, en permanente errancia, en una fuga sin fin con respecto a la realidad. Segundo, el carácter sonambúlico, o sea, no realista de la narración, con lo cual rompe con la tradición mimética hasta entonces en boga. Tercero, y como corolario de lo antes dicho, la dislocación de la narración, que aparece más bien como una narración fragmentaria y hasta cierto punto incoherente.

Benjamin extrae de Baudelaire al personaje del *flâneur*. Se diría que el protagonista de *La señorita etcétera* es un *flâneur* a la segunda potencia. No un paseante convencional: un ser en movilidad permanente, un inestable subjetivo incapaz de fijarse a nada, ni siquiera a los puestos pastosos de la burocracia. Un personaje sin densidad específica, ajeno a las leyes de la gravedad, que puede flotar sobre sus propios pensamientos, y cuyas acciones, de cierto modo, están teñidas de irrealidad. Acaso esto se debe a que lo que realmente importa es lo que sucede en la conciencia del personaje, la cual ha devenido, y de modo muy específico, una conciencia solipsista. Considérese en este sentido la siguiente frase del narrador: "Como no hablo más que mi propio idioma, nadie podrá comunicarse conmigo". Dicho de otro modo, el personaje vive en su propio mundo, habita su fantasmagoría particular. Esto desencadena el aspecto no realista de su narración. Sus fantasmagorías son reales de modo inmediato y sin concesiones, pero son reales sólo en su imaginación, por lo que están condenadas a no tener repercusiones en el mundo real. De aquí el aire de irrealidad de muchas de sus imágenes: "La calle fue pasando bajo nuestros pies, como en una proyección cinemática". Otra: "Las cosas se iban quitando silenciosamente su antifaz cloroformizado". Una más: "Ya tenía mucho tiempo de vivir en la ciudad y no conocía nada de la ciudad".

El aspecto alienado del personaje se revela en la frase anterior. Se vive desde hace mucho en la ciudad y sin embargo no se la conoce. No se necesita mucha perspicacia para entrever una nota de miedo, el famoso miedo ante lo desconocido. Podría agregar más. El miedo puede desembozarse en terror pánico. El sujeto podría temer en el fondo que alguien le arrancara su yo individual, despojándolo de lo que le es más sagrado. Se sabe que algunas gentes no se dejan fotografiar por temor a que les roben el alma. El personaje del texto de Arqueles Vela exhibe un parecido temor paranoico, por eso declara que huye de las peluquerías... "medroso de que intentaran arreglar mi modo de ser... De cepillarme las ideas, de quitarme algo".

El carácter fragmentario de la narración queda patente en la organización por escenas, y porque en estricto sentido no hay un nexo causal que conduzca de una escena a la otra. Cada cuadro o escena se distingue en el texto por una numeración romana. La primera escena comienza cuando el narrador se baja del tren en una indefinida estación del itinerario. Se trata al parecer de una pequeña población de provincia que es a la vez un puerto. La segunda escena se ubica sin previo aviso en un café de la gran ciudad. La tercera remite de nuevo a un paisaje de provincia. La cuarta escena se monta en unas oficinas burocráticas otra vez en la gran ciudad. La quinta, en un cuarto de hotel. La sexta remite a las calles de la ciudad. La séptima parece una continuación de la anterior. La octava y última se diría que "transcurre" en la conciencia del personaje. Se trata de una breve meditación final que contiene la revelación justificadora del relato.

¿Quién es la señorita etcétera? No es un personaje en el sentido convencional del término. De hecho es muchos personajes. Son por decirlo así apariciones múltiples de una sola mujer, versiones concretas de un arquetipo, de una idea. Esto ya indica la novedad del relato de Arqueles Vela. Hay una tensión, una contradicción respecto al objeto deseado: la mujer es y a la vez no es. Está y no está. Se la encuentra en el momento en que se escabulle. Se escabulle en el momento en que se la encuentra. Sólo se resuelve este enigma oscilante si se piensa que la del narrador es una mirada alegórica, una mirada doble, contradictoria y en permanente tensión, en la medida en que en cada mujer particular no ve tan sólo a esa mujer particular sino a la representación ideal de la misma. Con un agravante: la forma ideal acaba desplazando al ejemplar concreto. Es como si la idea de la mujer llega a ser más poderosa que la mujer misma y la sustituyera de inmediato.

El origen de esta mirada alegórica, donde la imagen del modelo se superpone a la de la mujer concreta al grado de turbar la visión, no podría ser sino un sentimiento de angustia frente a la mujer. Debo matizar lo anterior:

no una angustia ante la mujer en general, sino ante la mujer moderna, sindicalista, feminista, electrodinamizada, a la que quizás todavía no puede aceptar como tal. Emergen nuevos sujetos sociales. Es la otredad de la nueva mujer lo que provoca la angustia del personaje.

¿Cómo detectar esta angustia? Ya dice mucho que lo que predomine en el relato de Arqueles Vela sea una sensación de desasosiego. Pues bien, el pivote de este sentimiento parece ser ese objeto escurridizo, ese objeto libidinal llamado mujer. Uno de tantos indicios de lo anterior surge en la escena número cuatro: un ingenioso dispositivo tipográfico nos ofrece un signo semiótico de la mujer. En la parte superior, a la manera de un hélice o de una cruz en movimiento, dos leyendas que se entrecruzan: "Peligro", "Crucero". Esta imagen, empero, está sostenida sobre una recta en la que vemos formarse las palabras "Vía libre". El signo es contradictorio. La parte superior parpadea con un rojo que dice peligro. La columna vertical, por el contrario, está encendida en verde: contiene una franca invitación a pasar. Si no llevo demasiado lejos mi análisis, la columna vertical simboliza el cuerpo de la nueva mujer, la cual dice "estoy disponible". La parte superior, correspondiente a la cabeza, niega veracidad al anterior mensaje, oponiendo la señal de peligro. Esto constituye una disonancia cognoscitiva. El narrador recibe un doble mensaje contradictorio. Donde el cuerpo dice sí, la cabeza repone no, y viceversa, donde la cabeza dice no, el cuerpo repone sí. ¿A quién hacerle caso?

La escena número cinco resuelve lo anterior por la vía de la acción. El narrador se encuentra a la mujer en el ascensor de un hotel y entran en su habitación. Por fin el escurridizo objeto de su deseo caerá en sus brazos. Si Picasso pintó con *Les Demoiselles d' Avignon* los primeros senos cuadrados de la historia de la pintura, Arqueles Vela capta los primeros senos eléctricos en la historia de la novela en México. Y el primer abrazo "hertziano", además. Cito su descripción de este encuentro:

> Sus movimientos eran líneas rectas, sus palabras las resucitaba una delicada aguja de fonógrafo... Sus senos, temblorosos de "amperes"...
>
> Ya en el diván de su cuarto comenzamos a recordar las mismas cosas de siempre...
>
> Nos escuchábamos ambos desde lejos. Nuestros receptores interpretaban silenciosamente, por contacto hertziano, lo que no pudo precisar el repiqueteo del labio

Lo que sigue es el primer orgasmo descrito en términos de una descarga de miles de kilovatios:

> Las insinuaciones de sus ojos eran insostenibles; yo los asordinaba con una pantalla opalescente.
>
> Cuando ella desató su instalación sensitiva y sacudió la mía impasible, nos quedamos como una estancia a oscuras, después de haber quemado los conmutadores de espasmos eléctricos.

Leyendo el texto de Arqueles Vela no puede uno menos que evocar *Metrópolis* (1926) de Fritz Lang. No habría que perder de vista sin embargo que el relato del escritor vanguardista es cuatro años anterior.

Aunque la producción cuentística y novelística de Arqueles Vela comprende varios títulos, otro de sus textos asociados a la irrupción vanguardista es *El Café de Nadie* (1926), que su autor habría leído durante una velada que incluía una exposición de pintura organizada por los estridentistas en el Café de Nadie, que es el nombre que ellos dieron al lugar (el Café Europa) en el que se reunían situado en la antigua avenida Jalisco, hoy Álvaro Obregón. En un libro reciente, Marco Antonio Campos destaca: "Que yo sepa es la única en México que tiene como motivo y escenario a un café. En la novela se cuenta una rara historia de amor entre Mabelina y uno o dos, o quizá, todos los parroquianos". Ahí mismo ofrece este sugerente resumen: "*El Café de Nadie* es ante todo una pasmosa historia de amor imposible en un café que es un mundo, y donde no se sabe dónde empiezan las imágenes reales y las imágenes del sueño, dónde el secreto de la ficción y dónde las sombras de lo hipotético".[43]

En *Paisajes del limbo. Una antología de la narrativa mexicana del siglo XX*, Mario González Suárez aporta la fecha de la exposición: sábado 12 de abril de

---

[43] Marco Antonio Campos, *El café literario en ciudad de México en los siglos XIX y XX,* México, Editorial Aldus, 2001, pp. 66 y 68.

1924, a la vez que comenta: "...*El Café de Nadie* no ha
perdido vigencia literaria porque expresa el personalí-
simo desasosiego existencial de Arqueles Vela *por encima* de su filiación y de su beligerancia vanguardista".
Subrayo la frase *por encima* para que se entienda mejor el complemento: "Curiosamente, las fantasmagorías personales de Arqueles Vela se dejaron instigar por
los gritos y sombrerazos del estridentismo debido a la
naturaleza inconsciente de su universo".[44] Bonita explicación. Como el pobrecito no sabía lo que hacía, Arqueles Vela se habría adscrito al estridentismo ("debido a la naturaleza *inconsciente* de su universo"), de
otra manera no. Los comentarios de González Suárez
reciclan, de seguro también de manera mucho más inconsciente, el viejo estribillo acerca de la ineficacia del
movimiento. Los textos de Arqueles Vela son vigentes
no a causa sino *a pesar* del estridentismo, como si el
hecho de insertarse en la vanguardia vernácula descali-
ficara la calidad estética del producto. Con estos rápi-
dos juicios, González Suárez no hace sino agregar nue-
vas puntadas a la misma vieja tela de araña urdida por
los Contemporáneos y sus continuadores.

Importa, sin embargo, que Mario González Suárez
haya incluido el texto en su antología. Aunque confie-
so que *El Café de Nadie* no me gusta tanto como *La se-*

---

[44] Mario González Suárez (comp.), *Paisajes del limbo. Una antología
de la narrativa mexicana del siglo XX*, México, Tusquets Editores, 2001, pp.
183 y 185.

90

ñorita etcétera, no me cuesta trabajo decir que se trata también de un relato notable, que guarda bastantes similitudes con el texto que lo antecedió. La atmósfera es igualmente borrosa, hay cierto tono onírico, el paisaje está poblado por personajes inexistentes o cuando menos fantasmagóricos. La contraposición de planos espaciales, que aparecen como descoyuntados en *La señorita etcétera*, y que contribuye a la sensación de fragmentariedad, se atenúa en este texto en el que hay un lugar central en el que todo confluye. Pese a que en el Café de Nadie no hay nadie, la mujer vuelve a ser el centro vital de la narración, y esta vez tiene un nombre: Mabelina. Esta mujer, objeto erótico por excelencia, no sale muy bien librada de su confrontación. No es una mujer, es múltiples mujeres, pero en ninguna de sus encarnaciones parece realizarse de manera feliz. Todos la usan sin que ella pueda evitarlo: "Los hombres la tomaban equivocadamente, como se toma un abrigo en la incongruencia de una noche de fiesta". Y es que también ella, Mabelina, a pesar de que parece tan importante dentro de la mecánica del relato, se convierte en nadie: "Después de ser todas las mujeres ya no era nadie. Acaso por esa inconsciencia se encontraba agradablemente en el rincón de este Café, sin nadie, con nadie, como nadie, expuesta a que la tomaran, la canjearan por cualquiera de las mujeres que nadie toma".

Se diría que Mabelina está sujeta a la lógica del úsese y tírese. Los hombres pueden disponer de ella a su antojo, como si se tratara de un objeto desechable. Encuentro aquí naturalmente una degradación de la imagen de la mujer que no sería remoto que tuviera sus raíces en la experiencia de la angustia de la que ya he hablado cuando comentaba la economía libidinal de *La señorita etcétera*. Esta angustia que provoca el objeto de la libido se convierte casi podría decirse en una repugnancia, esta vez confesada por el narrador, ante el acto sexual. Lo que a Mabelina le habría interesado en un hombre era su cuota de irrealidad, su forma de excluirse él mismo de la vida, olvidándose de sí "con un gesto de no querer inmiscuirse en ningún incidente, en ninguna labor tan complicada y tan molesta como la de hacer el amor a una mujer, en la que hay siempre una expectación y una ansiedad de que se realicen por ella, todos los heroísmos y todas las inverosimilitudes".[45]

LA PROSA POLÍTICA: *PANCHITO CHAPOPOTE* DE XAVIER ICAZA

Por razones difíciles de explicar, la novela *Panchito Chapopote* (1928) de Xavier Icaza ha sido relegada a la sección del "archivo muerto" de la literatura mexicana. Aunque se la menciona como el primer texto notable dentro de lo que sería la "novela del petróleo", como

---

[45] Todas las citas de *La señorita etcétera* así como de *El Café de Nadie*, están tomadas del libro de Luis Mario Schneider, *El Estridentismo. La vanguardia literaria en México*.

puede verse en el *Diccionario de literatura mexicana. Siglo XX* coordinado por Armando Pereira, su importancia como obra de vanguardia ha sido tristemente ignorada en nuestro país.[46] Salvo los trabajos de la investigadora Katharina Niemeyer y de un excelente artículo del profesor norteamericano John S. Brushwood, se podría decir que no existe nada al respecto.[47] ¿A qué se debe que permanezca ignorada la que podría ser la mejor prosa política del estridentismo? Poca fortuna editorial, podría argumentarse. Luis Mario Schneider, gran estudioso y divulgador de la vanguardia mexicana, no la menciona ni la incluye en sus recopilaciones. Mal podía hacerlo si nos atenemos a su canon interpretativo. Primero, porque Xavier Icaza no formó parte del grupo estridentista que se reunía en el Café de Nadie, lo que hace suponer que hizo contacto con ellos un tanto tardíamente, cuando éstos habrían trasladado la sede de su movimiento a la ciudad de Jalapa. Segundo, y esto es todavía más decisivo, porque Schneider sostiene que el estridentismo duró estrictamente seis años, de diciembre de 1921 cuando se publica el manifiesto de Maples Arce, a 1927 que es el año de la caída del Gral. Heriberto Jara del gobierno de Veracruz. Un corte his-

---

[46] Véase Armando Pereira (coord.), *Diccionario de literatura mexicana. Siglo XX.* México, UNAM-Instituto de Investigaciones Filológicas, 2000, p. 199.

[47] Véanse de Katharina Niemeyer, "Arte-vida: ¿Ida y vuelta? El caso del estridentismo", y de John S. Brushwood, "Las bases del vanguardismo de Xavier Icaza", en *Texto crítico, 24-25,* Jalapa, Centro de Investigaciones Lingüístico-Literarias [s. d.].

tórico tan tajante deja fuera de la jugada este texto de Icaza que se publica un año después de la proclamada "liquidación" del estridentismo.

Sostiene con énfasis Luis Mario Schneider: "Es indudable que la caída del general Jara en Veracruz señala la terminación del Movimiento Estridentista. Este hecho no sólo dispersa en forma material a los miembros del grupo sino que también liquida su impulso estético renovador".[48]

Me temo que el corte histórico señalado por Schneider no obedece sólo a razones de cronología, como parece a primera vista, sino también a discutibles razones de orden ideológico. En efecto, aunque reconoce que el estridentismo se hizo solidario de las causas obreras y campesinas en el país, Schneider no encuentra en sus integrantes nada que vaya más allá de lo que él llama "una definida mentalidad de clase media liberal". Es cierto que como vanguardistas abogan en favor del cambio, que estiman que la estructuras políticas y sociales deben transformarse, pero —argumenta Schneider: "lo intentan más por un congénito espíritu de rebeldía o subversión, que por una íntima y clara concepción social o por una adhesión razonada a los principios y métodos marxistas".

Lo refuerza: "Es necesario agregar que el estridentismo no significó —como exageradamente se cree—

---

[48] Luis Mario Schneider, *El Estridentismo o una literatura de la estrategia*, p. 205 El investigador repite literalmente la fórmula en *El Estridentismo. La vanguardia literaria en México*, p. XXXVI.

una realización de estética social o de literatura prole-taria. José Rojas Garcidueñas, en su ensayo 'Estriden-tismo y Contemporáneos', afirma que 'lo más cons-tructivo de ese movimiento preponderantemente negativo, fue un claro contenido político de franca ten-dencia de izquierda'. Nada de eso. El estridentismo in-cursionó en la protesta, utilizó, y no asiduamente, un lenguaje de solidaridad con la causa obrera o campesi-na de México, pero, en definitiva, es fácil advertir que se trata más bien de un grupo con una definida mentali-dad de clase media liberal".[49]

Me gustaría decir que la asociación de los estriden-tistas con el gobierno de Heriberto Jara, a quien se ubica en el ala radical izquierdista de la Revolución mexicana, desmiente de entrada la ubicación del estu-dioso argentino. El propio Schneider, un tanto contra-dictoriamente, observa: "en el momento en que adopta la ideología social de la Revolución mexicana y la in-corpora a su literatura, el movimiento adquiere soli-dez, organización, y de alguna manera se separa del resto de la vanguardia internacional".[50] Agrego por mi parte que un intelectual "liberal" no podría haber es-crito estos versos que publicó en una revista Manuel Maples Arce:

---

[49] Luis Mario Schneider, *El Estridentismo o una literatura de la estrate-gia,* pp. 205-206. El artículo de Rojas Garcidueñas habría aparecido en la *Revista de la Universidad,* México, UNAM, diciembre de 1952.

[50] *Ibid.,* p. 206.

Deja que el ruiseñor burgués se irrite la garganta;
la canción maquinal de los revólvers
es el único ritmo que late en nuestras manos.[51]

La militancia de Germán List Arzubide en el grupo
Noviembre, de orientación marxista, al lado de escritores como José Mancisidor, Nellie Campobello, Loren-
zo Turrent Rosas y el historiador anarquista Armando
List Arzubide desmiente de otro modo la propuesta de
Schneider. Aunque es cierto que este grupo inició sus
actividades a principios de la década de los treinta, no
hay que perder de vista que en la década anterior, y al
lado de sus actividades estridentistas, Germán List ya
había publicado cuando menos un libro de poesía "proletaria", en la que se advierte la influencia de Carlos Gutiérrez Cruz y en general de una nebulosa ideología
anarco-comunista, entonces difundida entre la clase
obrera. El libro titulado *Plebe. Poemas de rebeldía,*
apareció en efecto en 1926.[52]

---

[51] El poema de Maples se habría dado a conocer el 22 de noviembre de
1928 en *El Ilustrado,* nuevo nombre de *El Universal Ilustrado.* Aunque no
recogido en libro, lo rescata Luis Mario Schneider en *ibid.,* pp. 235-236.

[52] Mantuve diversas conversaciones con Germán List Arzubide en relación con sus actividades políticas. Siempre se ostentó ante mí como miem-
bro del Partido Comunista. Habría sido comisionado por el Partido, por
cierto, para llevar a un congreso internacional que se celebraría, me parece,
en Moscú, la bandera que Sandino habría arrebatado a los norteamericanos
en Nicaragua. Mientras que Arqueles Vela sería refractario a la política,
Maples Arce se desempeñaría como secretario del gobernador Jara y como
diputado federal, para abrazar después la carrera diplomática.

La "exclusión" de Xavier Icaza del estridentismo, al menos por parte de Schneider, podría deberse no sólo al hecho de que su obra más importante *Panchito Chapopote* se habría publicado en 1928, cuando el grupo se habría "disuelto", sino a la inscripción política de su libro, que es a la vez una crítica de la demagogia de los líderes de la Revolución y de la penetración imperialista inglesa-norteamericana, que no sería posible sin la complacencia de los políticos mexicanos. Carleton Beals, en cambio, en su libro *Mexican Maze,* lo incluye sin vacilar entre los prosistas del estridentismo, al lado de otros nombres entre los que constan los de Carlos Gutiérrez Cruz, Elena Álvarez y Mariano Azuela.[53]

¿Cómo saber que *Panchito Chapopote* se inserta en la estética del estridentismo? Aunque el profesor Brushwood reconoce que "no hubo un canon artístico del estridentismo", fuera como él mismo nota de "una heterodoxia un tanto agresiva", habría que abonar a favor de esta adscripción algunos elementos.[54] El primero, las características de la edición. La portada del libro, así como los grabados en interiores son todos de Ramón Alva de la Canal, uno de los artistas plásticos emblemáticos del estridentismo, autor del óleo del Ca-

---

[53] Véase Carleton Beals, *Mexican Maze,* particularmente el capítulo XVI, "The noisemakers". Philadelphia, J. B. Lippincott Company, 1931. Mariano Azuela ciertamente estuvo ligado al menos durante una temporada a los estridentistas, quienes contribuyeron a su "descubrimiento" al publicar *Los de abajo* durante su colaboración con el gobierno de Jara.

[54] John S. Brushwood, art. cit., p. 161.

fé de Nadie y de portadas de otros libros de escritores identificados con el movimiento, como serían *El pentagrama eléctrico* de Salvador Gallardo y *El movimiento estridentista* de List Arzubide. Segundo, la innovación genérica, proclamada desde el subtítulo del libro. En efecto *Panchito Chapopote* no se anuncia como novela o libro de relatos, sino como *Retablo tropical o relación de un extraordinario sucedido de la heroica Veracruz.*[55] Tercero, su escritura debe mucho, como observa el profesor Brushwood, al *Chauve Souris,* al teatro ruso de murciélago, que habría conocido Luis Quintanilla durante una estancia en París y adaptado en México a mediados de la década de los veinte. Se trata de un teatro "sintético" y "algo más", según la descripción del propio Quintanilla. El estilo relampagueante y económico de Icaza, el gusto por la narración esquemática y por el ritmo telegráfico de las frases, tendría que provenir de aquí. Cuarto, la fragmentariedad de la narración, que se organiza a partir de breves cuadros, siguiendo un poco el procedimiento establecido por Arqueles Vela en *La señorita etcétera.* Quinto, las enormes libertades en el manejo del narrador, capaz de dar "saltos" arbitrarios y de permitirse intromisiones de toda clase, que tienen un leve antecedente de nuevo en los relatos de Arqueles Vela, aunque habría que re-

---

[55] Xavier Icaza, *Panchito Chapopote. Retablo tropical o relación de un extraordinario sucedido de la heroica Veracruz,* México, Editorial Aloma, 1961, 83 pp. (facsimilar de la edición original de Editorial Cultura, 1928).

conocer que las audacias de Icaza son tan radicales
que no se volverá a ver algo parecido en México sino
hasta bien entrada la década de los sesenta, con la llegada de narradores como Gustavo Sáinz y José Agus-
tín. Sexto elemento: la notoriedad que adquieren los
inventos técnicos en la estructuración del relato; en las
páginas finales de su texto Icaza le da la voz a los re-
ceptores de radio que vierten efusivos mensajes del
presidente Coolidge, desde Washington, y otros igualmente efusivos provenientes lo mismo de Wall Street
que de Europa.

Puede añadirse un séptimo elemento, significativo:
la juguetona y fugaz inclusión de un poeta "estridentista" en el relato, vinculada con la muerte de un yanqui.
Esta inclusión, a todas luces arbitraria, la entiendo como un guiño de simpatía del narrador hacia sus colegas
de vanguardia.[56]

Como señala Brushwood: "El argumento de *Panchito Chapopote* consta de tres vertientes: 1) Panchito se

---

[56] Matan a un gringo en una trifulca. Anota el texto: "Un yanqui menos
y un pasajero más para el viejo Caronte (...) Un poeta estridentista se lo encuentra. Dominado por cólera patriótica lo arroja del barco de Caronte, en
impulso multánime". Xavier Icaza, *Ibid.*, pp. 57-58 La frase final calca unos
versos de Maples Arce: "He aquí mi poema / brutal / y multánime / a la nueva ciudad". Queda constancia expresa de la simpatía de Xavier Icaza por la
literatura de vanguardia en su libro *La Revolución y la literatura:* "Ya no
vivimos en el tiempo del arte por el arte. Todos debemos luchar con la plu-
ma por la transformación del mezquino y duro mundo contemporáneo. Los
intelectuales deben de encabezar la cruzada. Y nace así el arte social y de
vanguardia". Citado por John S. Brushwood, art. cit., p. 164.

enriquece inesperadamente cuando se descubre que sus tierras aparentemente sin valor son en realidad una fantástica fuente de petróleo (y la joven de quien anda enamorado sin ser correspondido, se casa con él por conveniencia), 2) el agente de una empresa norteamericana y otro británico compiten por la posesión del petróleo, y 3) la república norteamericana interviene en los asuntos políticos de la nación".[57] Me gustaría añadir que en el trasfondo de la historia está el estallido revolucionario de 1910. La novela es también una severa crítica —aunque en un tono de chunga que la convierte en única— a la miopía y el entreguismo de los políticos mexicanos, entre los que parecen estar incluidos lo mismo Porfirio Díaz que Álvaro Obregón, aunque a este último no se lo menciona por su nombre. O sea: la casta gobernante de antes, durante y después de la Revolución. El relato termina significativamente con el

---

[57] John S. Brushwood, art. cit., p. 168 El profesor norteamericano comienza su artículo diciendo que esta novela de Icaza es "uno de los fenómenos más extraordinarios que se encuentran en el estudio de la literatura mexicana". Tal opinión contrasta de modo notable con lo que el mismo profesor observaba en un libro anterior. Ahí sostenía Brushwood: "Por lo que sé, hay una sola novela que combina las técnicas novelísticas radicales con la protesta social: *Panchito Chapopote* (1928), de Xavier Icaza (...) Sin embargo, las técnicas literarias del autor son tan extremas y su mundo tan poco creíble que la novela resulta *más curiosa que convincente*". Véase John S. Brushwood, *México en su novela* México, FCE, 1973, p. 345. Subrayados míos. Parte del "desencuentro" inicial de Brushwood con este texto se debe quizá a sus rebosantes sentimientos antiestadunidenses. Decía ahí Brushwood: "Todo libro que hable mal de los Estados Unidos tiene muchas probabilidades de hacerse popular".

aplastamiento de los rebeldes que se habían levantado en armas contra el gobierno del Gral. Obregón y con las felicitaciones al poder institucional del presidente Coolidge que se escuchan por un altavoz.[58]

La rapidez telegráfica de sus frases y el tono populachero, pletórico de voces en las que se escucha sin dificultad el ritmo espontáneo de la rumba, como si éste brotara directamente de las calles, la sensación de dislocación narrativa, angulosa y casi cinematográfica (que hace pensar en ciertas escenas de *¡Qué viva México!* de Eisenstein), combinada con el carácter esquemático y super económico de los trazos, que otorga al relato el humor y la velocidad del *sketch,* sin olvidar la burla a veces sarcástica no sólo de los políticos serviles y del Tío Sam o de John Bull sino del propio trabajo del narrador, hacen de este libro una pieza excepcional en el panorama de la literatura mexicana de vanguardia.

Muchos de los pasajes del libro están redactados en presente de indicativo, y no en pretérito imperfecto (aoristo) como se acostumbra en el relato. De tal suerte, el lector experimenta la sensación de estar leyendo un guión de cine, al que sólo faltarían las indicaciones Gran acercamiento, Exterior / Día. A la concisión telegráfica de las frases, al oído para los ritmos del habla

---

[58] Calvin Coolidge fue presidente de Estados Unidos de 1923 a 1929. La ayuda prestada por este presidente habría sido decisiva para que Obregón derrotara a los rebeldes "delahuertistas". Doy para que des, haré para que des... anota sarcástico el texto de Icaza.

popular, en particular de la región veracruzana, al humorismo rebosante, en alguna ocasión alburero, se agregan las numerosas libertades que se arroga el narrador. En una ocasión rompe la trama realista para narrar un episodio fantástico, o al menos imaginario, cuando Panchito "apaga" la luna con sus disparos de chapopote. En otra, no duda en cederles la palabra al perico y al loro, que repiten naturalmente lo que acaban de oír. Esto se queda corto. Lo más extraordinario son las numerosas intrusiones del narrador, que constantemente interviene en el relato con comentarios, a veces de una sola línea, tal si se tratara de un "aparte" de procedencia teatral. He contado nueve intrusiones de todo tipo en un texto que se lee de una sola sentada. Una de ellas es una intrusión autoirónica, si se la puede llamar así, que comenta el propio trabajo de descripción del narrador. El gendarme sale a buscar al alcalde, que se encuentra en casa de una mujer querendona. La descripción va como sigue: "Los pasos del gendarme hubieran resonado, de existir pavimento de asfalto en Tepetate y si usara zapatos. No había asfalto, carecía de zapatos: su marcha veloz y marcial no tuvo el merecido lucimiento".

Lo que viene enseguida es la conversación entre el gringo, que necesita alojamiento, y el alcalde, que se supone puede encontrarle uno. Impaciente pero también juguetón, el narrador prescinde de los parlamentos e informa de esta suerte al lector: "Se omite el preámbulo por inútil e imbécil. Se omite el discurso, por mayoría de razón, terminajo jurídico grato a la gente de curia. Traducido al romance, querían, por el momento, albergue. Más tarde, hablarían de negocios".[59]

Panchito Chapopote, ya rico, convence a la familia de su pretendida para que se case con él. Ella quiere a otro, pero el mucho dinero de Panchito es mejor argumento que el amor. A la manera de una acotación teatral aparece "El autor", quien apresura a la pareja: "—Si no se 'apuran', no se casan".

Apenas dos páginas adelante una nueva intrusión del narrador, esta vez mucho más drástica. Toma la voz "El autor", quien dice: "Muérete ya, Panchito. Ya no te necesito (...) Tu existencia no tiene justificación". Responde como no comprendiendo "Panchito Chapopote": "—¿Qué cosa? ¿Qué cosa? (Panchito Chapopote no entiende. Interroga a todos con la vista. Nadie contesta. Fuera de él, ninguno escucha el diálogo")".

Icaza rompe con desenfado los parámetros narrativos de la novela realista. Al final, y antes de expirar, el personaje alcanza a hacer este comentario, que es como la autointerpretación de su situación, y como si se dijera la "respuesta" a la intrusión abusiva del narrador: "¡Ese ca... autor me hizo mal de ojo!".

En su ñoñez, en su tontería declarada, Panchito representa la dejadez de una parte del pueblo mexicano. Por eso el comentario del Coro: "Así acabó la vida de

---

[59] Xavier Icaza era abogado y fue magistrado en la época de la expropiación petrolera en el gobierno del Gral. Lázaro Cárdenas.

alguien / que cuando iba a hacer algo / no hizo nada".
También es memorable Porfiriata, un personaje chungo
y medio fuera de sus casillas que al menor pretexto se
pone a bailar, provocando una espontánea algarabía ca-
llejera. El grabado en que lo representa Alva de la Canal es para mi gusto el más logrado del libro.

Es una lástima que su texto no haya tenido el impac-
to que merecía entre sus contemporáneos, y que haya
caído, es obvio que sin merecerlo, en el tenebroso limbo del olvido. Como vanguardista consumado que era,
Icaza se adelantó a su tiempo. Su apretado relato dice
más que muchas novelas de trescientas páginas. Desde
el punto de vista de la técnica narrativa, como dije antes, habría que esperar la llegada de los escritores llamados de la onda para volver a encontrar las libertades
que Xavier Icaza se tomó con bastante fortuna en esta
pequeña obra maestra de la que todavía puede apren-
derse mucho.

ENTRE LA CRÓNICA FANTÁSTICA Y EL COLLAGE. *EL MOVIMIENTO ESTRIDENTISTA* DE GERMÁN LIST ARZUBIDE

Antes que una crónica, una historia, una diatriba, un
manifiesto fanfarrón, un alarde de virilidad, un delirio
megalomaníaco, una fantasía novelada, antes de lo que
pueda decirse, y hay mucho qué decir acerca de este libro ignorado, *El movimiento estridentista* de Germán

List Arzubide es un extraordinario *collage*. Un mosaico en el que confluye todo aquello que fue o que tuvo que ver con el estridentismo, que, como se dijo antes, no es sólo un movimiento estrictamente literario. Se trata de un libro único en su género, que desborda cualquier intento de clasificación. Un libro juguetón y a la vez crepuscular, escrito en el momento de la peligrosa madurez de un movimiento al que le convenía la travesura juvenil que provocaba escozor de piel en los académicos, pero no la poltrona de la consagración. Para bien o para mal, el año quinto del estridentismo sorprende a sus integrantes como figuras de algún modo consagradas, quiero decir, a los que ya se reconoce públicamente como personalidades de vanguardia. El estallido inicial ha perdido la eficacia de lo inesperado, el efecto sorpresa se ha amortiguado. El propio List Arzubide lo expresa con un cierto candor que me parece debe agradecerse: "Hoy el estridentismo se ha impuesto y sólo nos falta un premio para que la Academia solicite a Maples Arce".[60] Ese premio, que yo sepa, nunca llegó. Pero la manera en que List lo da por inminente en su libro (que publican las Ediciones Horizonte en 1926), permite saber que algo en ellos se había estabilizado. Ya hicieron todo lo que había que hacer para rizar las aguas estancadas de la literatura mexicana, po-

---

[60] Germán List Arzubide, *El movimiento estridentista,* Jalapa, Ediciones de Horizonte, 1926 (Hay una edición facsimilar en la colección de Lecturas Mexicanas), p. 23.

dría decirse parafraseando a Villaurrutia, ahora sólo falta un premio para que los académicos de la lengua se vean obligados a solicitarle a Maples Arce, el Dios Padre de la vanguardia, que acepte venir a ocupar una silla en Donceles.

Mejor que un libro, *El movimiento estridentista* es una caja de sorpresas. Ya solamente hojearlo es una delicia. Se trata de un caldo semiótico pero también de un recalentado donde confluyen máscaras de Germán Cueto, fotos de los integrantes del estridentismo, personales y en grupo, grabados y pinturas de Ramón Alva de la Canal así como de otros artistas afines al movimiento, algún dibujo de Diego Rivera, otro de Leopoldo Méndez, fotografías de Edward Weston y Tina Modotti, un grabado en el que puede admirarse Estridentópolis, la imaginaria ciudad de los vanguardistas, proyectos a futuro de lo que sería esta misma ciudad en el lejano 1975... poemas, tarjetas de presentación, algún fragmento de partitura, portadas de la revista *Irradiador*, caricaturas, planas de manifiestos, una hoja en la que se publicita una subasta de mujeres, un anuncio de cigarrillos y la reproducción de la hoja volante en la que se invitaba al público a la primera tarde del movimiento estridentista, que habría de realizarse en el Café de Nadie a las 5 de la tarde del 12 de abril de 1924, y en la que se leería la historia del Café de Nadie por Arqueles Vela, leerían poemas Maples Arce, Salvador Gallardo, Humberto Rivas, Luis Ordaz Rocha, Miguel Aguillón Guzmán y Germán List Arzubide, habría unas máscaras de Germán Cueto, algo de música estridentista y una exposición de pintura en la que participarían cuadros de Fermín Revueltas, Leopoldo Méndez, Jean Charlot y Xavier González.

Por si esto fuera poco, el libro concluye con una proclama a los obreros. Y su autor, Germán List Arzubide, habla de sí mismo en tercera persona.

Se trata de una historia del movimiento a partir de sus grandes figuras. En este sentido, el primero en orden de aparición tendría que ser —y lo es, en efecto— Maples Arce. Después viene el encuentro genésico: Maples conoce a Arqueles Vela. Se habla después de Arqueles y de sus cajas de muñecas. Luego de Salvador Gallardo. Desfilan luego Gastón Dinner y Luis Quintanilla, para continuar con el propio Germán List. Completa la pasarela de personalidades, el libro describe a continuación algunas luchas imaginarias y otras reales entre los estridentistas y sus enemigos, da cuenta de la primera exposición de pintura en el Café de Nadie, relata una divertida "subasta" de mujeres, recuerda una velada de José Juan Tablada en Bellas Artes así como el gesto inusitado (y creo que sin precedentes) del poeta Rafael López al rechazar una invitación de la Academia de la Lengua, para dar cuenta en seguida de la diáspora de los estridentistas, quienes habrían decidido realizar una amplia labor en la provincia, por lo que dejan de concurrir, sin duda esto lo lamentan, al famoso Café de Nadie. Conquistan Jalapa, pero abandonan sus gabinetes en el café, el cual sufre así el atraco de "los poetas crepusculares".

Otra manera de definir este libro sería llamarlo el evangelio del estridentismo según Germán List. El primer encuentro entre Maples Arce y Arqueles Vela en el Café de Nadie, tiene la tesitura de una conversación entre el Divino Redentor y el primero de sus apóstoles:

Maples Arce. —He atrapado el motín del crepúsculo.

El otro. —Hay una mujer muerta en cada noche.

Maples Arce. —Yo he visto la ciudad caída sobre las ruinas de la música.

El otro. —Es que regresan todos los adioses.

Maples Arce .—Usted es.

El otro. —(que se aclara es Arqueles Vela). Sólo nosotros existimos, todos los demás son sombras pegajosas.

Me impresiona la imposición del ser en la frase consagratoria, aunque también se la podría llamar generadora: "Usted *es*". En efecto, que Arqueles Vela *es* desde este momento el primero de los discípulos de Maples lo sabemos por las palabras que pronuncia enseguida, como si hubiera recibido de golpe la ciencia infusa: "Sólo nosotros existimos, todos los demás...". En el principio era el verbo, y el verbo ungió a Arqueles como el principal de sus apóstoles. Tan mitológica es la escena, que después del *dictum* genésico ("Usted es")... la luz se hace. Las sombras se disipan y le podemos ver el rostro al interlocutor, iluminado ya por el divino verbo.

¿Cuál es la primera prueba de la importancia de los estridentistas? —Su suerte con las mujeres. Para ponderar el éxito de *Andamios interiores,* el primer libro de poemas de Maples Arce, Germán List señala lo siguiente: "En dos semanas se agotó la edición, y Maples Arce recibió 300 cartas de mujeres".[61] Habla enseguida de las enamoradas del poeta: Celia María Dolores y Lupita. Arqueles Vela es propietario de 5,000 muñecas, "es un sultán domesticado" agrega divertido List. También a Salvador Gallardo lo persiguen las damas. Las más efusivas le tocan a List, según su relato fidedigno: "Cada noche List Arzubide, con las manos llenas de carteles heroicos, después de sus batallas con los fifíes de San Francisco y las direcciones de las comisarías donde arrumbaba sus enojos, llegaba a la librería a cosechar mensajes amorosos de las mujeres que compraban su libro". No todo son billetitos de amor. También hay acción:

En el gabinete donde List Arzubide y Mabelina citaban sus caricias sin fin, sus abrazos trenzados en la voluptuosidad, sus besos fílmicos, una mano halló y estrujó frenéticamente un pañuelo de encajes, tejido de cosquilleos y más lejos alguien recogió debajo del canapé el temblor azul de una liga caída en los deslizamientos de un escozor apasionado.[62]

[61] *Ibid.,* p. 18.
[62] *Ibid.,* p. 84. Mabelina, como se recuerda, es la protagonista del relato *El café de nadie* de Arqueles Vela. Ficción dentro de la ficción, List incorpora a su relato imaginario este personaje creado por su colega estridentista.

La de este libro es sin duda una prosa crecida, fanfarrona, muy a tono con los desplantes que se encuentran en otros vanguardistas de la época. Pongo un ejemplo: es igualmente fanfarrón Mayakovsky cuando proclama: "Apagaremos el sol de un sombrerazo". Calificar a este libro de "crónica" implicaría cercenar lo que hay en él no sólo de mentira deliberada y provocadora, sino también sus delirios imaginativos, en los que no sería difícil encontrar una cierta satisfacción megalómana. El libro da por hecho por ejemplo que existe una ciudad llamada Estridentópolis. Aguillón Guzmán participa en un congreso estudiantil como representante de la Universidad de Estridentópolis, la cual tiene también, no podía ser menos, sus estaciones de radio. El movimiento tiene además su edificio, muy modernista por cierto, al cual atacan sus numerosos enemigos... En dado caso, se trata de una crónica fantástica, que no copia la realidad sino que la proclama, y al proclamarla la inventa obedeciendo a los amperímetros del deseo.

En esta perspectiva, los estridentistas resultan invulnerables. Ellos mismos declaran por qué... es que están "amurallados de virilidad".[63]

Esta es la cara festiva. La cara agresiva de la moneda es que *El Movimiento Estridentista* está también salpicado de bravuconadas en contra de los poetas académicos y en general de los enemigos del movimiento. Es ya

---

[63] *Ibid.*, p. 49. La frase tiene un doble sentido involuntario que podría ser pasto del psicoanálisis.

famosa la frase con la que Maples habría atajado los reclamos de un poeta ofendido en alguno de sus manifiestos. Blandiendo el bastón que le habría regalado Diego Rivera, Maples espetaría: "El estridentismo no admite vales ni da fianzas, usted es un lamecazuelas retórico." La eficacia de la frase, de creer lo que escribe Germán List, habría dejado paralizado al adversario.

Más allá de estos excesos oratorios de mucha o poca fortuna, lo que habría que subrayar es la homofobia explícita en muchos de sus ataques, dirigidos es de suponerse contra sus colegas del grupo Contemporáneos. Mientras las mujeres se derritirían por los estridentistas, a la manera de un alto contraste *El Movimiento Estridentista* informa de una redada policíaca: "Los verseros consuetudinarios habían sido descubiertos en la Alameda en juntas con probabilidades femeninas y habían sido obligados por la Inspección General de Policía a declarar su sexo y comprobarlo, acusados de un chantage de virilidades en caída."

Si se tiene en cuenta que la cepa originaria del grupo los Contemporáneos trabajó un tiempo bajo las órdenes de Vasconcelos, acaso se entienda mejor contra quiénes van dirigidos los dardos: "Desfiló la Capital escoltada por ecuestres afanes, embanderados de futuros asaltos: era necesario rescatar a Vasconcelos plagiado por los maricones que rumiaban el premio Rockefeller —500 000 un hombre preñado. Era necesario curar por la fatiga a los histéricos, posesos de todos los miedos de la vida al viento de la gasolina, que consolaban sus puerperales livideces, meciéndose en la cuna del presupuesto, y olvidaban el coco del talento, haciendo sonar las baterías culinarias de las alabanzas".[64]

Me parece que la investigadora alemana Katharina Niemeyer es quien mejor sitúa los logros y los defectos de este libro: "Esta insistencia en la autonomía del arte estridentista también destaca en el ya citado libro de List Arzubide sobre *El Movimiento Estridentista*. Su particular modelización de la historia del estridentismo, cuya narración sigue el modelo de la novela estridentista e integra en su transcurso una gran cantidad de documentos —fotografías, reproducciones de grabados, dibujos, carteles etc.— ofrece una versión un tanto idealizada de la situación de los estridentistas. Expone la creación de Estridentópolis como *telos* inherente al desarrollo del movimiento (...) pero calla por completo el papel de Heriberto Jara —así como apenas alude a la revolución social— e insiste en la repercusión nacional de esa creación y su carácter dominantemente estético, cuando de hecho las actividades estridentistas

---

[64] *Ibid.*, p. 50. La ojeriza de los estridentistas contra los homosexuales prosigue durante varios años más. Al publicar su *Antología de la poesía mexicana moderna* (Roma, Poligráfica Tiberina, 1940), Maples Arce define con estas intencionadas palabras la poesía de Xavier Villaurrutia: "Sirviéndose de la inversión como método poético (...) no copia en su congelada superficie más que paisajes, naturalmente invertidos, en aguas muertas de reflejos". A Novo lo despacha diciendo que pertenece al círculo de los Contemporáneos, escritores "semiinclinados por los mismos complejos y tendencias". Lo remata con una frase de Mariveaux: *Le style a un sexe et l'on reconnait les femmes a une phrase.*

no lograron esta resonancia y consistían en el ya comentado trabajo de instrucción y divulgación, administración y propaganda".

La conclusión de la Dra. Niemeyer me parece irreprochable: "Es así como esta historia estridentista del estridentismo parece querer suplantar un desequilibrio: frente a la labor actual de los estridentistas, tan parecida a la de funcionarios y delimitada por las obligaciones del campo político, recuerda la práctica artística del estridentismo y sus reivindicaciones de una literatura autónoma que desde su misma autonomía extiende su poder utópico a otros ámbitos. Precisamente en este sentido, el discurso a los obreros, con el cual termina el libro, hace desembocar al estridentismo en la revolución: 'Haced la huelga a la vida en seguro' ".[65]

A la luz de lo que afirma la estudiosa alemana, el discurso a los obreros podría contener implícita la confesión de que, habiéndose convertido en burócratas amaestrados, y estando como estaban los estridentistas al servicio del poder institucional, la tarea de hacer la revolución tendría que ser asumida por otros actores. El recuento de los logros —acompañado como ya se ha dicho de una magnificación a veces delirante— no sería pues sino una malla para ocultar el irreversible declive del estridentismo que menguaría absorto en la fuerza institucional.

---

[65] Katharina Niemeyer, "Arte-vida: ¿Ida y vuelta? El caso del Estridentismo", pp. 204-205.

A pesar de sus excesos fanfarrones, o más bien gracias ellos, *El Movimiento Estridentista* de Germán List Arzubide me sigue pareciendo una de las mejores prosas del movimiento. He leído y vuelto a leer esta crónica fantástica que es también un *collage* en muy diversas ocasiones, y siempre me ha contagiado de su insolencia y su desenfado. "Cantamos con la fuerza de la hélice que rompe las teorías de la gravedad". "El perfume de nuestras carcajadas calentaba a las estrellas." "El jazz fue incluido en la estética matinal de las horas sport". "Las mañanas se deshilachaban de noticias sobre el estridentismo". La mejor descripción del *Café de Nadie*, para mi gusto, la articuló Germán List Arzubide cuando recurriendo a una antítesis escribió: "Café Multánime; Café mecánico donde las meseras piden las cosas por radio, y la pianola toca música interceptada de conciertos marcianos en sus discursos de papel apolillado".

BIBLIOGRAFÍA

ALATORRE, Antonio, *Ensayos sobre crítica literaria*, México, Conaculta, 1993 (Lecturas Mexicanas. Tercera serie, 80).

BENJAMIN, Walter, *Iluminaciones II. Poesía y capitalismo,* Trad. de Jesús Aguirre, Madrid, Taurus, 1972.

BLANCO, José Joaquín, *Crónica de la poesía mexicana*, Guadalajara, Departamento de Bellas Artes, 1977 (hay edición reciente de Editorial Posada).

CAMPOS, Marco Antonio, *El Café literario en ciudad de México en los siglos XIX y XX,* México, Editorial Aldus, 2001.

CAPISTRÁN, Miguel (comp.), *Los Contemporáneos por sí mismos,* México, Conaculta, 1994 (Lecturas Mexicanas. Tercera Serie, 93).

CUESTA, Jorge, *Antología de la poesía mexicana moderna*, México, SEP-FCE, 1985 (Lecturas Mexicanas, 99).

GONZÁLEZ SUÁREZ, Mario (comp.), *Paisajes del limbo. Una antología de la narrativa mexicana del siglo XX,* México, Tusquets Editores, 2001.

GOROSTIZA, José, *Prosa,* Recopilación y notas de

Miguel Capistrán, México, Conaculta, 1995 (Lecturas Mexicanas. Tercera Serie, 97).

GUNIA, Inke y otros, *La modernidad revis(it)ada. Literatura y cultura latinoamericanas de los siglos XIX y XX,* Berlin, Ediciones Tranvía-Verlag Walter Frey, 2000.

HEIDEGGER, Martin, *El ser y el tiempo*, Trad. de José Gaos, México, FCE, 1974.

HENRÍQUEZ UREÑA, Pedro, *Estudios mexicanos,* México, FCE-SEP, 1984 (Lecturas Mexicanas, 65).

JITRIK, Noé, "El Estridentismo y la obra de Manuel Maples Arce", en *Literatura mexicana*. Vol. IV, núm. 1, México, Centro de Estudios Literarios de la UNAM, 1993

LIST ARZUBIDE, Germán, *El movimiento estridentista,* Jalapa, Ediciones de Horizonte, 1926.

MAPLES ARCE, Manuel (comp.), *Antología de la poesía mexicana moderna,* Roma, Poligráfica Tiberina, 1940.

MAPLES ARCE, Manuel, *Soberana juventud*, Madrid, Editorial Plenitud, 1967.

MAPLES ARCE, Manuel, *Las semillas del tiempo. Obra poética 1919-1980*, Estudio preliminar de Rubén Bonifaz Nuño, México, FCE, 1981.

MEYER-MINNEMANN, Klaus, "Der Estridentismus", en *Iberoamericana*, núm. 15, 1982.

MEYER-MINNEMANN, Klaus, *Avantgarde und Revolution. Mexikanische Lyrik von López Velarde bis Octavio Paz,* Frankfurt, Vervuert, 1987.

MONSIVÁIS, Carlos, "Los estridentistas y los agoristas", en Oscar Collazos (comp.), *Los vanguardismos en América Latina,* Cuba, Casa de las Américas, 1970 (valoración múltiple).

MONSIVÁIS, Carlos, *Las tradiciones de la imagen: Notas sobre poesía mexicana,* Monterrey, Ariel-Tecnológico de Monterrey, 2001.

MONSIVÁIS, Carlos, *La poesía mexicana del siglo XX,* México, Empresas Editoriales, 1966.

MONSIVÁIS, Carlos, "Notas sobre la cultura mexicana en el siglo XX", en VV. AA., *Historia general de México,* t. II, México, El Colegio de México, 1994.

NIEMEYER, Katharina, "Arte-vida: ¿Ida y vuelta? El caso del Estridentismo", en Harald Wentzlaff-Eggebert (comp.), *Naciendo el hombre nuevo... Fundir literatura, artes y vida como práctica de las vanguardias en el Mundo Ibérico,* Francfort, Vervuert-Iberoamericana, 1999.

PACHECO, José Emilio, "Inventario. Manuel Maples Arce (1900-1981)", en *Proceso 2444,* 6 de julio de 1981.

PAPPE, Silvia, *El Estridentismo: La posproducción de un movimiento de vanguardia,* [Manuscrito inédito].

PAZ, Octavio y otros, *Poesía en movimiento. (México 1915-1966),* v. 1, México, FCE-SEP, 1985 (Lecturas Mexicanas. Segunda Serie, 4).

QUIRARTE, Vicente, *Peces del aire altísimo. Poesía y poetas en México*, México, El Equilibrista-Dirección de Literatura de la UNAM, 1993.

QUIRARTE, Vicente, *Elogio de la calle. Biografía literaria de la ciudad de México (1850-1992),* México, Cal y Arena, 2001.

RUFFINELLI, Jorge, "El Estridentismo: Eclosión de una vanguardia", en *La escritura invisible,* México, Universidad Veracruzana, 1986.

TOVAR DE TERESA, Guillermo, "Hallazgo en torno a los Contemporáneos", en *Vuelta 206,* enero de 1994.

SCHNEIDER, Luis Mario, *El Estridentismo o una literatura de la estrategia,* México, Instituto Nacional de Bellas Artes, 1970.

SCHNEIDER, Luis Mario (comp.), *El Estridentismo. México 1921-1927*, México, UNAM-Instituto de Investigaciones Estéticas, 1985.

SCHNEIDER, Luis Mario (comp.), *El Estridentismo. La vanguardia literaria en México,* México, UNAM, 1999 (Biblioteca del Estudiante Universitario, 129).

SHERIDAN, Guillermo, "Presentación", en Jorge Cuesta *Antología de la poesía mexicana moderna,* México, SEP-FCE, 1985 (Lecturas Mexicanas, 99).

SHERIDAN, Guillermo, *México en 1932: La polémica nacionalista,* México, FCE, 1999.

TORRES BODET, Jaime, "Perspectiva de la literatura mexicana actual", en Manuel Durán (comp.), *Antología de la revista Contemporáneos*, México, FCE (Letras Mexicanas, 111).

VELA, Arqueles, *Fundamentos de la literatura mexicana.,* México, Editorial Patria, 1966.

VILLAURRUTIA, Xavier, *Obras*, México, FCE, 1996.

YURKIEVICH, Saúl, "Los avatares de la vanguardia", en *Revista Iberoamericana,* 118-119, enero-junio de 1982.

ÍNDICE

Elevación y caída del estridentismo
se terminó de imprimir en octubre de 2002, en
Corporación Industrial Gráfica, S.A. de C.V.
Tel. 5841-4145. Se imprimieron 5,000 ejemplares más
sobrantes para reposición. Tipografía y formación:
Servicio Fototipográfico S.A. Cuidaron la edición
Gabriela Lara y Benito Lacave.